金沢駅のゆくたて
歴史と写真で知る金沢駅

はじめに

金沢駅は明治31年（1898）に創立した。創立前の金沢駅の場所はいくつかの屋敷が立ち並んでいたが、荒野の広がる金沢の町外れであった。100年近く経った現代の金沢駅は荒野とは程遠く発展し"金沢の玄関"となっている。まさに金沢の顔としての役割を果たしている。そのため、この100年で"金沢で最も変化の激しい場所"がこの金沢駅である。

明治31年。金沢駅に現れたのは海外製の蒸気機関車。多くの人にとって初めて触れる"海外"だった。明治33年（1900）には金沢では早い段階で金沢駅に電気が通され、明治の金沢駅には時代の最先端が集まっていた。大正時代になると北陸線 金沢駅 - 敦賀駅を経由してヨーロッパへの道が開かれ多くの人が金沢駅から海外へ向かい、昭和に入ると国内の観光が盛んとなり金沢駅前に金沢を紹介する施設である金沢市観光会館が設置された。戦後はR.T.Oという名の進駐軍が金沢駅の一部を接収、金沢駅ではアメリカ兵との接点があった。平成に入ると北陸の念願であった北陸新幹線が開通し、国内のみならず海外から多くの観光客が新幹線を利用し金沢を訪れるようになった。町外れにあった金沢駅は100年近くの時を経て荒野から金沢の玄関となったのである。

金沢駅は海外から輸入された最先端に触れる場所であり、金沢駅は海外へ向かう玄関であり、海外から観光客を迎える玄関である。すなわち金沢駅の歴史を知ることは「世界と金沢の関係を知ること」なのである。

本書は時代の変化の中心であった金沢駅の変遷をまとめたものである。金沢駅の姿は明治31年の創立時から令和の現在まで時代の隙間なく写真が残されており、その変遷を写真で知ることができるのである。北陸新幹線開業から10年目の令和7年（2025）に合わせて本書を出版した。次の時代の金沢を作るために、金沢駅の歴史を知り、世界との関係を知り、金沢を次の時代につなげたい。

2025年3月

金沢駅のゆくたて 著者 小西裕太

目次

- はじめに・・・・・・・・・・・・・・1
- 金沢駅のゆくたて年表・・・・・・・・・・4
- 金沢駅ができるまで・・・・・・・・・・10
  - 1875 明治8年 明治期の金沢の政治結社・・・・・12
  - 1881 明治14年 東北鉄道会社・・・・・14
  - 1888 明治21年 北陸鉄道会社・・・・・16
  - 1892 明治25年 鉄道敷設法・・・・・18
  - 1898 明治31年4月1日 金沢駅開業・・・・・28
- 明治の金沢駅・・・・・・・・・・30
  - 余談：明治の金沢駅舎写真・・・・・33
  - 初代金沢駅舎の大きさと場所・・・・・34
  - 初代金沢駅舎の色と間取り・・・・・36
  - 初代金沢駅舎の特徴・・・・・38
  - 金沢駅前の宿「安井旅館」・・・・・40
  - 1900 明治33年8月 電灯設置・・・・・42
  - 余談：駅？停車場？どこまでが金沢駅？・・・・・44
- 金沢駅から市街地への接続・・・・・・・・46
  - 明治の駅前新道路・・・・・48
  - 1898 明治31年 駅前広見・・・・・50
  - 1898 明治31年 玉井新道・・・・・51
  - 1899 明治32年 停車場新道・・・・・52
  - 1900 明治33年 金石街道(拡張)・・・・・53
- 大正の金沢駅・・・・・・・・・・54
  - 1910 明治43年 金沢工場設置・・・・・58
  - 1919 大正8年 市内電車開通・・・・・60
  - 1920 大正9年 駅前の自動車営業許可・・・・・62
  - 1920-1924 大正9年〜13年 金沢駅改修工事・・・・・64
  - 1924 大正13年「北陸地方陸軍特別大演習」・・・・・66
  - 1925 大正14年 粟崎遊園開園・・・・・70
  - 余談：大正のアウトバウンド・・・・・74
  - 余談：大正のインバウンド・・・・・75
- 昭和の金沢駅・・・・・・・・・・78
  - 1929 昭和4年 金沢駅前の照明塔完成・・・・・82
  - 1930 昭和5年 電気時計設置・・・・・84
  - 1931 昭和6年 駅前広場の舗装・・・・・86
  - 1932 昭和7年 産業と観光の大博覧会・・・・・88
  - 1934 昭和9年 金沢市観光会館落成・・・・・90
  - 余談：金澤市写真帖・・・・・92
  - 余談：金沢の市街明細地図・・・・・93
  - 余談：中村 豊 氏のイラスト 昭和15年頃の金沢駅・・・・・94
  - 1942-1945 昭和18年〜昭和20年 照明塔撤去・・・・・96
  - 1945-1946 昭和20年〜21年 建物疎開と駅前拡張工事・・・・・98
  - 1945 昭和20年 終戦・・・・・100
  - 1948 昭和23年 駅前ロータリー完成・・・・・102
  - 1950 昭和25年 全日本宗教平和大博覧会・・・・・104
  - 1951 昭和26年 新駅舎建設開始・・・・・106
  - 1952 昭和27年 金沢駅前バスターミナル完成・・・・・108
  - 余談：1952 昭和27年頃の金沢駅周辺写真・・・・・110
  - 1953 昭和28年 金沢ステーションデパート営業開始・・・・・114
  - 1954 昭和29年 二代目金沢駅舎竣工・・・・・116
  - 1960 昭和35年 持明院の蓮池切断・・・・・118
  - 1962 昭和37年頃 駅前拡張工事・・・・・120
  - 1962 昭和37年 金沢ビル完成・・・・・122
  - 1964 昭和39年 バス発着ホーム完成・・・・・124
  - 1967 昭和42年 市電全線廃止・・・・・124
  - 1971-1974 昭和46〜49年 持明院・白鬚神社移転・・・・・126
  - 1982 昭和57年頃 金沢ビル増築・ガーデンホテル金沢・・・・・128
  - 1985 昭和60年 金沢駅西開設・・・・・130
  - 余談：1969 昭和44年 金沢駅西口の風景・・・・・132
  - 余談：1977 昭和52年 金沢駅西口の風景・・・・・133
  - 余談：初代金沢駅の平面図・・・・・134
  - 余談：二代目金沢駅の平面図・・・・・135
  - 余談：二代目金沢駅の構内(昭和45年代〜)・・・・・136

- 白鬚持明院・・・・・・・・・・・・140
  - 白鬚持明院について --------------------------- 142
  - 1935 - 昭和10年代の白鬚持明院 ----------------- 144
  - 1945 - 昭和20〜30年代の白鬚持明院 ------------- 146
  - 1960 - 昭和35年頃 蓮池の切断 ----------------- 150
  - 1971 - 昭和46年〜白鬚持明院・蓮池の移転 ------- 152
  - 1975 - 昭和50年〜白鬚持明院の跡地 ------------- 154
- 平成の金沢駅・・・・・・・・・・158
  - 1990 平成2年 高架化開業・三代目金沢駅開業 ---- 162
  - 余談：金沢の東・西がつながる ----------------- 163
  - 1990 平成2年 モニュメント「悠鬪」完成 -------- 164
  - 1991 平成3年 金沢駅西広場竣工 --------------- 165
  - 1994 平成6年 ポルテ金沢オープン ------------- 166
  - 1996 平成8年 金沢駅通り完成 ----------------- 166
  - 余談：昭和〜平成の金沢駅周辺整備 ------------- 167
  - 2005 平成17年 鼓門・もてなしドーム完成 ------ 168
  - 2015 平成27年 北陸新幹線 金沢-長野間開業 ---- 170
- 令和の金沢駅・・・・・・・・・・172
  - 2019 - 令和の金沢駅東口 --------------------- 174
  - 2019 - 令和の金沢駅西口 --------------------- 176
  - 2024 令和6年 能登半島地震 ------------------ 178
  - 2024 令和6年 北陸新幹線 金沢-敦賀間開業 ---- 179
- 江戸期の金沢停車場・・・・・・180
  - 江戸期の地図と金沢駅前 ---------------------- 182
  - 書籍紹介：森田 柿園 著「金澤古蹟志」 --------- 184
  - 書籍紹介：中井 安治 著「鉄路有情」 ----------- 185
  - 書籍紹介：谷口 昭夫 著「北陸線を走った列車たち」--- 185
- 金沢駅のゆくたて・・・・・・・186
  - 1912 - 明治・大正期の金沢駅前 --------------- 188
  - 1926 - 昭和初期の金沢駅前（戦前・戦中）------- 194
  - 1950 - 昭和20年代の金沢駅前（戦後）---------- 204
  - 1960 - 昭和30年代の金沢駅前 ---------------- 210
  - 2019 - 平成・令和の金沢駅前 ----------------- 216
- 金沢駅の上空写真・・・・・・・218
  - 1924 大正13年頃 金沢駅周辺の上空写真 ------- 220
  - 1954 昭和29年 金沢駅周辺の上空写真 --------- 222
  - 1986 昭和61年頃 金沢駅周辺の上空写真(東側)-- 224
  - 2021 令和 金沢駅周辺の上空写真(西側)-------- 226
- 金沢駅を知る資料・・・・・・・228
  - 金沢駅前(右)の変遷 ------------------------- 230
  - 金沢駅前(左)の変遷 ------------------------- 232
  - 駅周辺 区画トレース線 ----------------------- 234
  - 金沢駅前の境界線 --------------------------- 236
  - 金沢駅前の広さの変遷 ----------------------- 238
  - 北陸鉄道金沢駅の場所の変遷 ----------------- 240
- 金沢駅の古写真一覧・・・・・・244
- 古写真に関する取扱いについて・・・257
- 参考資料・・・・・・・・・・・・258
- さいごに・・・・・・・・・・・・260

| 明治 | 1894 明治27年
日清戦争 | | 1904 明治37年
日露戦争 | 大正 | 1914 大正3年
第一次世界大戦 | 1923 大正12年
関東大震災 |

金沢駅のゆくたて年表

明治

1896 明治29年 金沢駅の位置確定

1894 明治27年 駅が木ノ新保に決定

1892 明治25年 鉄道敷設法

1888 明治21年 北陸鉄道会社設立

1881 明治14年 東北鉄道会社設立

1910 明治43年 金沢工場設置

1900 明治33年 電灯設置

初代金沢駅舎

1898 明治31年 金沢駅開業

大正

1925 大正14年 粟崎遊園地開園

1924 大正13年 金沢駅拡張工事、北陸地方陸軍特別大演習

1920 大正9年 乗り降り場上屋改修、駅前の自動車営業許可

1919 大正8年 市内電車開通

昭和　　1937 昭和12年　　1941-1945 昭和16-20年　　　　　　　　　　1964 昭和39年　　1970 昭和45年　　1987 昭和62年
　　　　日中戦争　　　　太平洋戦争　　　　　　　　　　　　　　東京オリンピック　　大阪万博　　　　国鉄分割民営化

← 初代金沢駅舎 →　　　　　　　　　　　　　　　　　　　　← 2代目金沢駅舎

駅前拡張工事　　　　　　　　　　　　　　　　駅前拡張工事

昭和

1943 昭和18年ごろ
駅前照明灯撤去

1935 昭和10年
金沢工場 松任へ移転

1934 昭和9年
金沢市観光協会落成

1945 昭和20年
市電環状化
建物疎開 終戦

1931 昭和6年 駅前広場の舗装

1930 昭和5年
電気時計設置

1929 昭和4年
駅前照明灯完成

1952 昭和27年
北陸バスターミナル完成

1954 昭和29年
2代目金沢駅舎竣工

1955 昭和30年
金沢駅大時計設置

1948 昭和23年
金沢駅開業50年記念
金沢駅前ロータリー完成

1985 昭和60年
金沢駅西口開設

1974 昭和49年
白鬚神社移転

1971 昭和46年
持明院移転・妙蓮の移植

1970 昭和45年
全国新幹線
鉄道整備法公布

1967 昭和42年
市電全線廃線

1964 昭和39年
北鉄バス発着ホーム竣工

1962 昭和37年
金沢駅前の金沢ビル竣工

1960 昭和35年
持明院の蓮池切断

5

平成

1993 平成5年
阪神・淡路大震災

2011 平成23年
東日本大震災

◀─── 3代目金沢駅舎

1994 平成6年 ポルテ金沢竣工

1991 平成3年 金沢駅西広場竣工

2005 平成17年 鼓門・もてなしドーム完成

1990 平成2年
高架化工事開業、3代目金沢駅舎竣工、ヴィサージュ竣工

1996 平成8年 金沢駅通り完成

2015 平成27年 北陸新幹線開業

2024 令和6年
能登半島地震

3代目金沢駅舎

令和

2024 令和6年 北陸新幹線敦賀延伸

2017 平成29年 金沢ビル・都ホテル解体

1898〜1954 初代金沢駅舎

1954〜1990 二代目金沢駅舎

1990〜 三代目金沢駅舎

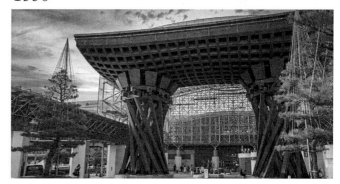

金沢駅ができるまで 〜 1898

金沢駅が開業するまでの様々な苦難と紆余曲折の詳細はあまり知られていない。旧加賀藩主を中心に国内で早期に鉄道会社を設立したが解散。その後に立ち上がった北陸鉄道会社も解散。その背景には明治時代の政治結社間の意見の相違があった。金沢駅の場所の選定に至るまでの混乱、金沢市内の中心部へのアクセスルートに関する議論、そして大火事が道路開通の契機となったことなど、多くの出来事を紹介する。

| 明治 | 1894 明治27年
日清戦争 | | 1904 明治37年
日露戦争 | 大正 | 1914 大正3年
第一次世界大戦 | 1923 大正12年
関東大震災 |

明治

初代金沢駅舎

1896 明治29年
金沢駅の位置確定

1894 明治27年
駅が木ノ新保に決定

1892 明治25年
鉄道敷設法

1888 明治21年
北陸鉄道会社設立

1881 明治14年
東北鉄道会社設立

1898 明治31年
金沢駅開業

1910 明治43年
金沢工場設置

1900 明治33年
電灯設置

大正

1925 大正14年
粟崎遊園地開園

1924 大正13年
金沢駅拡張工事、北陸地方陸軍特別大演習

1920 大正9年 乗り降り場上屋改修、駅前の自動車営業許可

1919 大正8年 市内電車開通

1875 明治8年 明治期の金沢の政治結社

精義社と盈進社

金沢駅の成立を理解する上で重要なのは、明治時代の金沢の政治動向である。明治時代は藩政体制からどのように転換していくかという政策が重要であった。特に、藩政後の秩禄処分により職を失った士族をどのように救済するかが論議の中心であった。救済策として用いられたのが「士族授産」という政策で、これには職業転職の推進や荒蕪地の安価な購入・開墾、北海道への移住推進などが含まれていた。

この時代背景の中で金沢で最初に結成された政治結社が「忠告社」である。忠告社は明治8年（1875）、旧加賀藩士出身の士族を中心に、杉村寛正・長谷川準也らが中心となって結成された。この忠告社には、大久保利通暗殺事件を起こした島田一郎も含まれていた。忠告社の社員は石川県の高官にもある程度の発言権を持っていたが、内紛などを起こし数年足らずでその勢いを失った。その後、力を持つようになったのが「精義社」で、明治12年（1879）に結成された。精義社は時代の流れに敏感なエリートが多く、鉄道の必要性を前田家に訴え続けた。

一方、明治13年（1880）には遠藤秀景などを中心に「盈進社」が結成された。多くは金沢の下級士族から構成され、反藩閥勢力としての側面を持ち、後に北陸の鉄道敷設計画を妨害した。

2つの政治結社精義社と盈進社はともに士族授産を目指していたが、その手法に違いがあり、激しい抗争が行われた。鉄道敷設により士族を救おうとする精義社と、北海道などの土地開墾によって士族を救おうとする盈進社があった。この両者を前に、前田家はそれぞれの意見を聞き、両者をまとめるために金沢に「起業会」という組織を結成した。起業会の旧藩士瀧川永瀬らが「敦賀・金沢鉄道建議案」を提案したが、双方の意見は平行線のままで進展はなかった。

当時の前田家は明治維新後にヨーロッパへ渡り国際事情に精通していた北川亥之作・岡田政忠・寺西成器などの職員を抱えていた。この北陸の地での鉄道敷設の必要性を誰よりも強く感じていたのは前田家だったであろう。

鉄道敷設推進派である精義社、鉄道敷設反対派である盈進社。両者の衝突が北陸の鉄道敷設を遅らせる結果となってしまった。

明治13年（1880）に新築された広坂の石川県庁。この県庁の建物は大正11年（1922）まで利用されていた。出典：『石川写真百年・追想の図譜』

◀ 盈進社代表
遠藤 秀景

◀ 第1回衆議院選挙で写真帳に載った
「遠藤 秀景」
35歳の時の肖像写真

出典：『石川百年史』石林文吉著

明治元年（1868）金沢藩からのイギリス留学生をイギリスで撮影したもの。後列は左から黒川誠一郎、不炭与四郎、佐雙左仲、北川玄之作、岡田雄次郎、前列は左から吉井立吉、岡田丈太郎、清水誠。北川亥之作は前田家職員としても尽力し北陸の鉄道敷設に助言した。
出典：『石川百年―写真集』

明治22年（1889）兼六園内の異人館前（旧デッケン居館）で撮影した自由党議員と思われる。当時の議員定数は36人。／出典：『石川写真百年・追想の図譜』

1879 精義社（せいぎしゃ）　　鉄道敷設推進派

精義社は明治12年（1879）に結成された政治結社である。金岩虎吉が青年を集めて読書会を作り天下国家を論じたことから始まった。精義社は自由民権の主義に則り、石川県で最も早く国会開設の必要性を論じた新進気鋭の政治結社である。精義社の関時叙氏、疋田直一氏などが上京、石川県議会の初代議長である加藤恒とともに前田家に対して金沢の復興のため北陸鉄道敷設の計画を提案した。この鉄道敷設を含め、金沢が勢いを取り戻すためには「士族授産」が必要であると訴えた。[※1]

1 石林文吉（1972）『石川百年史』石川県公民館連合会 P339

1880 盈進社（えいしんしゃ）　　鉄道敷設反対派

盈進社は明治13年（1880）に遠藤秀景などを中心とした政治結社である。メンバーの多くは金沢の下級士族から構成されており、反藩閥勢力としての側面を持っていた。[※1] 当時の政治は混乱を極め明治25年（1892）2月25日に実施された第2回衆議院総選挙の際には全国で25人の死者が出るほど各地で争闘が起こり、石川県でも盈進社が流血の争闘を起こしていた。この第2回衆議院総選挙の石川1区で盈進社の2名が当選したが、それは盈進社の暴力による勝利であった。

盈進社の目的は「国権を張り、国益を起こし、民福を増す」ために、「先ず我が石川県より始め、漸次北国諸国に及び、更に進んで全州に至らしめんことを期す」と定めており、これは自由民権と国権論を説いて郷土の振興を進めることを目指していた。最初に着手したのは廃藩以降に困窮した旧士族に対して生業を与えるため、新川郡奥の山や大沢野の荒蕪地を土地開墾しようとするものだった。その目的は「士族授産」で彼らは資金拠出のために前田家に懇願した。

1 金沢市議会編（1998）『金沢市議会史上巻』P264

1881 明治14年 東北鉄道会社

国内最速で動き出した前田家の私鉄プロジェクト

明治14年（1881）夏。鉄道敷設か土地開墾（鉄道敷設反対）かという論議が政治家の間で行われていた中、転機を迎える。「東北鉄道会社」の設立である。前田家が発起人として鉄道会社設立に資金を投じると決定。前田利嗣をはじめ、旧越前藩主松平茂昭などが中心となり、東北鉄道会社を設立したのである。ここでいう「東北」は、青森・宮城・山形・秋田の東北地方を指すのではなく、京都から見て石川・富山・福井が「東北」に位置する、という意味である。

東北鉄道の設立には、精義社の疋田直一が上京して前田家へ進言したことなどが影響しているようである。

この頃日本各地で私設鉄道敷設の機運が高まっており明治14年（1881）11月、日本初の私鉄「日本鉄道」による高崎線や東北線の建設が始まっていた。それに触発され北陸にも鉄道敷設の機運や焦りが高まっていたのである。明治15年（1882）3月11日に敦賀駅が開業し、前田家はその一連の流れを注視していたに違いない。

右下の図は明治15年度末における日本における鉄道敷設状況である。明治5年（1872）10月14日に新橋-横浜間の開業を皮切りに少しずつ全国に鉄道敷設が広がった。開業から10年が経過した明治15年。敦賀-長浜間に鉄道がいち早く敷設され開業を迎えた。その背景には古来より敦賀から陸路で琵琶湖を経て京都や大阪へ物資が運ばれていたが、この陸路は峠を超えなければならず800年も前の平清盛の時代から運河などが計画されたが実現に至らなかったのである。長年に及ぶ陸路での物流ルートは敦賀-長浜(琵琶湖側)の鉄道敷設が解決したのである。それが敦賀-長浜にいち早く鉄道敷設された要因である。

敦賀-長浜の鉄道を横目に金沢にも鉄道を敷設しようと立ち上げられた東北鉄道の計画は残念ながら頓挫してしまった。

東北鉄道の計画は福井-金沢-富山を結ぶ鉄道であったことが要因であった。福井側としてはすでに鉄道が開通している敦賀と福井を結ぶことが念頭にあったようである。そのため福井側が東北鉄道から降りる形で断念することになったのである。

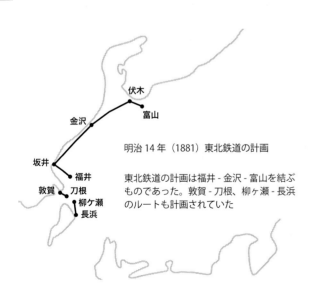

明治14年（1881）東北鉄道の計画

東北鉄道の計画は福井-金沢-富山を結ぶものであった。敦賀-刀根、柳ヶ瀬-長浜のルートも計画されていた

明治15年末までに開通した鉄道
新橋-横浜、敦賀-米原、京都-神戸、幌内-小樽が開通

明治の金沢駅

東北鉄道の断念を受けて、「加越新聞」は明治17年（1884）8月21日の北陸鉄道論では下記のように論じている。[1]

鉄道は文明進化の主要な道であり様々な事柄がこの鉄道を通じて行き交う。世界中の国々は競って鉄道を建設し、山や川、厳しい地形を素早く越えられるよう、交通の便利さを高める努力をしているのである。日本のような新しい文明国では、特に鉄道に力を入れるべきである。たとえ一時的に国力が弱まることがあっても、国のために前向きな姿勢を忘れないことが大切であると述べ東北鉄道の断念を憂いているようである。

この頃の私設鉄道の本免状の交付状況であるが明治14年11月、日本初の私設鉄道「日本鉄道会社」に本免状が交付されたことを皮切りに、明治17年（1884）6月の阪堺鉄道会社、明治19年（1886）12月の伊予鉄道会社、明治20年（1887）5月の両毛鉄道会社、明治21年（1888）1月の山陽鉄道（以下表にて）と、相次いで私設鉄道が敷設された。

これら次々と設立された私鉄は「第一次私鉄ブーム」とも言われている。明治14年（1881）に東北鉄道会社の立ち上げが順調に進んでいたならば、それは国内で最も早い、あるいは2番目に早い私設鉄道敷設となっていただろう。

社名	免状年月
日本鉄道会社	明治14年11月 本免状
阪堺鉄道会社	明治17年6月 本免状
伊予鉄道会社	明治19年12月 本免状
両毛鉄道会社	明治20年5月 本免状
水戸鉄道会社	明治20年5月 本免状
山陽鉄道会社	明治21年1月 本免状
大坂鉄道会社	明治21年3月 本免状
讃岐鉄道会社	明治21年2月 本免状
関西鉄道会社	明治21年3月 本免状
甲府鉄道会社	明治21年3月 本免状
九州鉄道会社	明治21年6月 本免状
日光鉄道会社	明治19年7月 仮免状
甲信鉄道会社	明治20年7月 本免状
山形鉄道会社	明治20年5月 本免状
群馬鉄道会社	明治20年9月 本免状

▲日本各地で敷率された私鉄のリスト 「第一次私鉄ブーム」とも言われた

明治15年（1882）の敦賀駅
明治15年（1882）3月10日敦賀駅が開業。金沢はまだ東北鉄道で鉄道の重要性を説いていたころである。金ケ崎 - 洞道間の開業にともない気比神宮前に開業した初代敦賀駅　出典：『目で見る敦賀・若狭の100年』

前田利嗣（まえだ としつぐ）

旧越前藩主松平茂昭などと東北鉄道を設立した。計画は福井 - 金沢 - 富山をつなぐ計画であった。福井としてはすでに開業していた敦賀との接続を行いたかった。意見の相違より東北鉄道の計画は失敗に終わる

1　長田のあゆみ編集委員会編（1998）『長田のあゆみ』

1888 明治21年 北陸鉄道会社

北陸三県の有志で設立

東北鉄道断念から数年が経った明治21年（1888）、石川県の18人、福井県の12人、富山県の22人、その他の地域からも数名交え54人の富豪、大地主、経営者などを中心に今度は「北陸鉄道会社」を設立。この北陸鉄道会社は現在（令和6年時点）存在する北陸鉄道株式会社とは異なっているので注意が必要である。この北陸鉄道会社は明治21年5月24日に金沢で発起人会を開き、創立事務所を金沢に置き、支部を東京・福井・富山にそれぞれ設置し明治21年6月30日北陸鉄道会社の免許申請を鉄道局へ提出。

この免許申請内容はかなり先進的であった。富山・金沢・福井を経て武生に達する本線と富山の守山から伏木への支線。合計で191.5km、その後は津幡－七尾間、武生－敦賀間まで延長することも計画されていた。東北鉄道は福井側が望んでいた福井－敦賀間のルートも盛り込んだ内容となっていた。この計画は以前の東北鉄道の計画と矛盾したような内容もあったことが問題とされ、鉄道省は次のように批判している。

この本線路は単に三県の地形が平易な部分を結ぶだけのものである。敦賀に至る道には木の芽峠の険しい地形があり、直江津に通じる道には「親不知」と呼ばれる難所が存在する。仮に中間部分のみに鉄道を敷設しても、その効用は十分に発揮されない。※1

さらに鉄道敷設計画は盈進社の妨害を受け前途多難を極めるのであった。

1　金沢鉄道管理局（1952）『北陸線の記録』石川県立図書館蔵

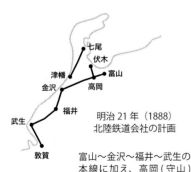

明治21年（1888）
北陸鉄道会社の計画

富山〜金沢〜福井〜武生の本線に加え、高岡(守山)－伏木、津幡－七尾間、武生－敦賀間が計画された。

1889 明治22年盈進社の妨害活動 福井「料亭五嶽楼」

北陸鉄道会社が具現化してくると、この鉄道敷設に反対の立場を取る金沢の政治結社「盈進社」の妨害が顕著になってくる。

明治22年（1889）7月に北陸鉄道会社創立発起人大会が福井市で開かれた際に盈進社がわざわざ福井の地まで足を運び妨害運動を行った。

盈進社のメンバーは発起人たちの宿である「料亭五嶽楼」の向かいの宿に陣を取り、機会を見計らって会場に乱入した。乱入してきた彼らに会場で「鉄道はあくまで事業であって政治と関係ない」と説明したが、盈進社側は聞く耳を持たなかった。発起人たちに殴りかかり会場が騒然としているところに、石川県知事の岩村知事がなんとか彼らをなだめて引き上げさせたのである。※1 鉄道計画が具体的になればなるほど盈進社は妨害活動に精が出たのだと思われる。

1　石林 文吉（1972）『石川百年史』石川県公民館連合会 P339

盈進社が乱入した「福井県の料亭五嶽楼」盈進社は向かい側に宿を取り会場に乱入した
出典：『福井県下商工便覧』福井県立博物館蔵

◀ 盈進社代表
遠藤 秀景

出典：『石川百年史』
石林文吉著

◀ 第四代石川県知事
岩村 高俊

出典：『石川百年史』
石林文吉著

1890 明治23年 兼六園での流血事件

　明治23年（1890）1月29日の兼六園内の成巽閣で行われた発起人大会でも盈進社は妨害活動を行い、重傷者が出る流血事件に発展した。盈進社は兼六園内の入り口で待ち伏せし富山県の大橋十右衛門など3名を襲い重傷を負わせる。この妨害活動に関しては詳細が残っている。

　明治23年1月29日、北陸鉄道会社の発起人大会が兼六園内の成巽閣で予定されていた。会場である成巽閣へ行くには兼六園入り口である紺屋坂を通るため盈進社の社員は先回りし発起人たちを待ち伏せした。4台の人力車が紺屋坂を上がってきたところを襲った。まず富山の大橋十右衛門が人力車から降りたところに飛びかかり、もう1人がこん棒で彼を一発殴った。大橋十右衛門は必死に逃げたが兼六園の噴水前で追いつかれてしまう。今度は下駄で殴られ結果として流血を伴う重傷を負わせてしまう。[※1] このような事件があったにも関わらず兼六園の成巽閣にて発起

1　石林 文吉（1972）『石川百年史』P341

人大会は無事開催された。

　この事件を起こした盈進社は内務大臣から治安に問題があると認定され解散となるのであるが、解散後も盈進社は遠藤秀景を中心として活動を続けていたようである。

　北陸鉄道会社の発起人が襲われ、さらに時代の流れもあり結果として明治24年（1891）9月に北陸鉄道会社は解散。東北鉄道に続き鉄道敷設は頓挫してしまった。

大橋十右衛門たちが追いつかれた兼六園 噴水前 平成16年（2004）撮影

「明治20年(1878年)石川県庁首脳陣」前列中央が第四代石川県知事の岩村高俊
出典：『20世紀の照像 石川写真百年 追想の図譜 改編版』

1892 明治25年 鉄道敷設法

明治政府の鉄道計画で石川県に鉄道敷設決定

　東北鉄道・北陸鉄道の2度頓挫した北陸の私鉄計画であったが、助け舟とも言えるのが明治25年（1892）6月21日に公布となった「鉄道敷設法」である。北陸新幹線は昭和45年（1970）に「全国新幹線鉄道整備法制定」により新幹線の敷設が決定したように、北陸線は明治時代の「鉄道敷設法」によって鉄道の敷設が決定した。

　「鉄道敷設法」は富国強兵・殖産興業を推し進める明治政府の方針が重なり成立したものである。日清戦争が勃発する2年前である明治25年に鉄道敷設法が成立した。軍事的利用の側面が強かったと言えるであろう。

　鉄道施敷設成立の後に鉄道敷設の事前調査の委員会である「全国路線取調委員」を設置。現代における環境アセスメントである。北陸線は「原口要」博士が委員長として担当。福井、石川、富山と調査委員が入り調査の結果、多くの部分は北陸街道沿いに線路敷設の決定となったのである。令和の現代でも新幹線敷設前に調査が行われ、その後にルートと停車場が発表されるのである。明治の時代もおおよそ同じ流れで敷設が決定したことが伺える。

　明治26年（1893）2月に調査隊が報告書を鉄道庁へ提出、敦賀の着工開始である明治26年から富山開通の明治32年までの7年におよぶ事業として実施となったのである。

　鉄道敷設法の交付により大きな争闘もなく決定したこの手法は新しい日本のあり方を示した。鉄道庁を中心に鉄道の敷設が進み、鉄道庁の問いに対し金沢市会が意見書を提出するという流れで鉄道の建設が行われるのである。

原口 要

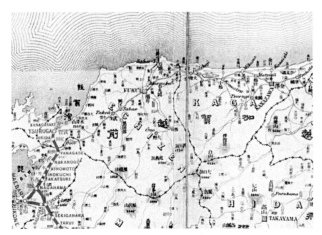

明治25年 線路は敦賀まで到達。石川県には一切線路は敷かれていない。
鉄道敷設法により鉄道敷設が全国に広がった。
出典：『大日本鉄道線路全図』明治25年（1892）

区間	路線実測期間	工事着手年月
敦賀－福井間	61.96km	明治29年（1896）7月15日
福井－小松間	48.34km	明治30年（1897）9月20日
小松－金沢間	28.16km	明治31年（1898）4月1日
金沢－高岡間	40.82km	明治31年（1898）11月1日
高岡－富山間	17.76km	明治32年（1899）3月20日

区間	路線実測期間	工事着手年月
敦賀－森田間	明治26年4月～明治26年8月	明治26年8月
森田－金沢間	明治27年8月～明治28年3月	明治28年6月
金沢－富山間	明治29年6月～明治29年10月	明治29年11月

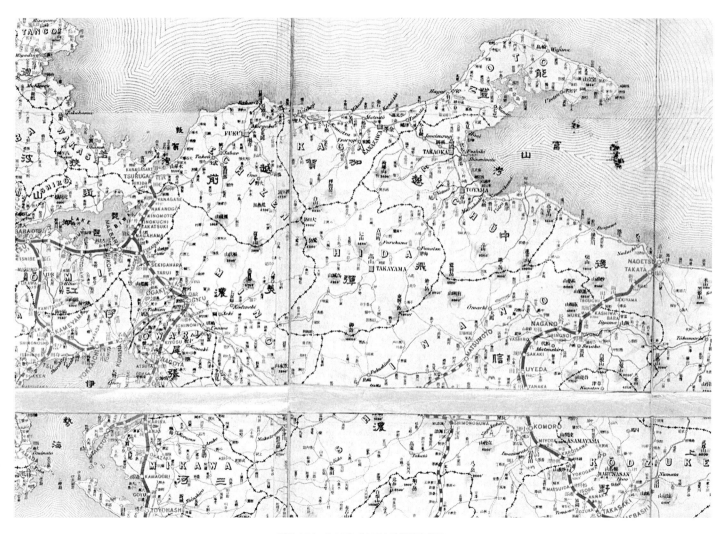

明治25年（1892）『大日本鉄道線路全図』

書籍紹介：「石川百年史」石林文吉 著

石林 文吉（いしばやし ぶんきち）
大正12年（1923）生まれ。石川県石川郡鶴来出身。旧制金沢二中、金沢医大付属薬学専門部卒業。元海軍大尉。戦後石川新聞記者（金沢）を経て昭和27年（1952）サンケイ新聞記者となり金沢支局、大阪本社、津支局、富山支局、金沢支局を経て富山支局長を努めた。平成16年（2004）に80歳で死去。

　本書でも明治時代の出来事を調べる際に様々な箇所で参考にさせていただいている書籍が石林文吉氏の「石川百年史」である。この本の熱量と著者である石林氏の知識量は驚愕するものがあり本書でも紹介するに至った。歴史の出来事が驚くほど詳細に書かれている。

　この石川百年史の内容は明治初期から始まっており昭和後期で終わっている。紙面の都合などによりやむを得ず執筆を打ち切りとなり、石林氏は「羊頭狗肉」の思いであると本書が未完であることを悔いている。

　石林氏は記者出身であり記者の経験から現場で話を聞き内容をまとめたのだろうと思われる。北陸の鉄道の歴史や石川県のモータリゼーションに関しても本書から多くを参考にしている。しかし、本書の中で筆者自身が新聞記者であり歴史学者ではない、そのために歴史学の体裁は取っていない、新聞連載という制約で簡素化していると述べている。

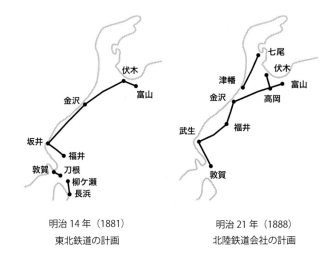

明治14年（1881）
東北鉄道の計画

明治21年（1888）
北陸鉄道会社の計画

東北鉄道、北陸鉄道の計画の路線図は
石川百年史をもとに作成した。

書籍紹介:『20世紀の照像 石川写真百年 追想の図譜』能登印刷編

本書の制作時に数多くの書籍を引用しているが、その中でも能登印刷編『20世紀の照像 石川写真百年 追想の図譜 改訂版』は引用のみならず、本書を作る際の参考書として利用している。この一冊は著者が20代のときに手にし、石川・金沢の昔を知り、見たこともないはるか昔の金沢を時空を超えて体験できるようにしてくれたとても大切な一冊である。

『石川写真百年 追想の図譜』は昭和54年(1979)に発売され、改訂版となって平成15年(2003)にサイズも小さくなり『20世紀の照像 石川写真百年 追想の図譜 改訂版』として再度発売となっている。改訂版は多少内容を省かれた簡易版となっている。本書と同じ横型で写真が大きく見やすく構成されている。本書も同じフォーマットで制作することに決めたのは小さくなった20世紀の照像 改訂版からヒントを得たものだ。

これらには金沢駅の写真が数枚収められているが、とても印象深い一枚が左下のカメラを持った記者たちの写真だ。この写真は大正13年に行われた金沢での軍事演習に同行したカメラマンの姿である。このカメラマンたちが貴重な金沢駅の写真を捉えたのである。金沢での軍事演習には大正天皇に代わって皇太子(後の昭和天皇)が参加したのであるが、その姿を撮影するタキシードに身を包んだ記者の目に皇太子と金沢駅の姿はどのように映ったのだろうか。

本書と合わせて『20世紀の照像 石川写真百年 追想の図譜』もご覧いただきたい。

金沢停車場の位置決定まで

　明治25年（1892）6月21日に「鉄道敷設法」が交付されてからというもの、金沢停車場の場所の決定まで非常に多くの時間を要した。金沢市内では多くの停車場の誘致活動が行われ、加えて日清戦争なども勃発し、その決定まで紆余曲折した。分かる限り詳しくまとめた。

日付	新聞報道要約など
明治25年6月21日	鉄道敷設法交付
明治25年4月11日	工事に関する意見書提出
明治26年3月16日	金沢停車場に関する市会開会を要求
明治27年5月11日	三社の宮（豊田白山神社）の付近、醒ヶ井町、木ノ新保等への誘致運動
明治27年6月7日	金沢駅の場所を「木ノ新保」と記した密室の意見書
明治27年6月24日	6月7日の意見書に反対する上申書
明治27年7月25日～翌年4月	日清戦争
明治28年12月	師団設置説・鉄道開通が目前となり地価が高騰
明治29年3月21日	宗叔町、三社付近、広岡付近などに設置の説を否定し木ノ新保六番丁（白髪神社付近）と内定
明治29年5月7日	金沢停車場「木ノ新保」の場所を詳細に報道
明治29年11月27日	正式に「木ノ新保」に金沢停車場を設置の報道

1892
明治25年4月11日
工事に関する意見書提出

　明治25年（1892）6月21日に交付された「鉄道敷設法」の後に金沢市会は鉄道の工事の方法の提案を行った。具体的には福井は木ノ芽峠（きのめとうげ）を超え、富山へは倶利伽羅峠を越えることで地方民の受ける利益は大きい。金沢市の予算で工事に必要な物資は敦賀港から金石港に船で輸送。金石港から金沢までは土工鉄道を施設するという提案であった。この工事の内容を内務省に申請しするため山森隆・高田九八郎を上京し委員に渡した（明治26年（1893）4月11日）※1 まだ金沢停車場の位置については一切触れられていない。

1 「長田のあゆみ」編集委員会編（1998），『長田のあゆみ』，長田町校下まちづくり委員会 .P256

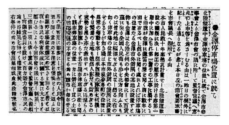

◀ 明治27年（1894）3月16日に新設予定の金沢停車場の位置につき市会は意見上申のための市会開会の開催を要求する新聞記事

出典：『北國新聞社 明治27年3月16日』（1894）石川県立図書館蔵

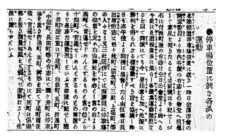

◀ 金沢駅の設置個所につき、三社の宮（豊田白山神社）の付近、醒ヶ井町、木ノ新保等に誘致しようと種々運動するものがあった

出典：『北國新聞社 明治27年5月11日』（1894）石川県立図書館蔵

1894 明治27年5月11日
南広岡、醒井町への停車場誘致運動

　北陸線の建設が始まったが、金沢停車場の位置が決定していなかったため市内では金沢駅停車場誘致運動が繰り広げられた。その誘致運動の詳細が明治27年（1894）5月11日の北國新聞で報じられている。具体的に(1)南広岡、(2)醒ヶ井の二派の誘致運動である。

　(1) 南広岡派は松ケ枝町、宗叔町（そうしゅく）、三社、上堤町（かみつつみ）の住人で「南広岡」に停車場を設置し三社周辺（豊田白山神社）の前から十間町方面へ道路を延ばし市街地へ接続する案を提案。

　(2) 醒井町派（さめがい）は下堤町（しもつつみ）、白銀町（しろがね）、英町（はなぶさ）、折違町、中橋町、長田町などの住人で「醒井町」に停車場を設置し、折違町、英町、枡形（ますがた）を経由して下堤町から市街地へ接続するという案を提案。

　新聞の内容から読み取れるのは、軍事的な理由や誘致による利害関係など様々な理由から金沢駅から市内への接続を非常に重要視していた。

派	停車場	住民	接続ルート
南広岡派	南広岡	松ケ枝町、宗叔町、三社、上堤町	三社周辺(豊田白山神社)の前から十間町へ
醒井町派	醒井町	下堤町、白銀町、英町、折違町、中橋町、長田町	折違町、英町、枡形を経由して下堤町へ

1894 明治27年6月7日
誘致運動の最中、候補に存在しない停車場「木ノ新保」と書かれた意見書が提出される。事実上の停車場決定

　南広岡、醒井町で停車場の誘致運動が行われているという報道があった翌月のことである。市会は現在の金沢駅の場所である「木ノ新保」の場所を明記した意見書を石川県経由で鉄道当局へ提出。※1 南広岡でも醒井町でもなく突然木ノ新保が金沢駅の場所として適当であるという意見書が提出されたのである。

　この意見書の内容がどのようなものであったか、市会が県に提出した意見書の内容に関しては当時の新聞では一切報じておらず、またこの現代でも資料を見つけることができなかった。

　この意見書を巡っては令和5年（2023）7月25日に金沢市に確認したところ明治27年（1894）6月7日に意見書が出されたという事実は残っているが詳細な書面や内容は残っていないという回答であった。旧鉄道庁である国土交通省にも問い合わせてみたが、保存期限が切れており意見書は未確認である。

　間違いなく言えることは、この意見書が現在の金沢駅の場所である木ノ新保が金沢駅の場所として決定づけたということである。

1　金沢市史編（1965）『市史年表 金沢の百年 明治編』

◀「明治27年（1894）6月7日 市会は金沢駅の位置につき意見書を県経由鉄道当局へ提出した。意見書に「記載の位置は木ノ新保の現在の金沢駅の場所。」と唯一意見書の内容が書かれている『金沢の百年 明治編』の表紙。108ページに書かれている

出典：『市史年表 金沢の百年 明治編』

金沢停車場の位置決定までの流れ

1894 明治27年6月24日
「木ノ新保」だと市中の構造が破壊される「南広岡」に停車場設置を嘆願する上申書

　金沢駅の場所は「木ノ新保」と書かれた意見書の提出からわずか1ヶ月後。再び市会は鉄道庁に上申書を提出。この上申書は金沢市にも残されていた。木ノ新保に決定した停車場の場所に反対の意思を伝える上申書である。上申書に明記されていた停車場の場所は「南広岡」だった。すでに提出された「木ノ新保」と書かれた意見書とは異なった位置の上申書が提出されたことからも、市会の中でも停車場の位置をどこにするか意見が分かれていたことがわかる。

　この上申書には停車場から市内までの経由地が具体的に書かれている。南広岡より三社を経由し長土塀、宗叔町、栄町を経由して下堤町のルートであった。

　提出された上申書で注目すべき点は「市内の構造を損なってしまう」という一文である。金沢の街の道路の多くは江戸期から同じように使われており金沢駅の停車場の場所によっては金沢の街の破壊につながるということを示唆しているのである。明治期にも現代と変わらない金沢人の「金沢らしさ」と「気骨」を感じる上申書である。

明治27年(1894)6月24日付の上申書 南広岡、長田町、醍井町の3ヶ所が候補に上がり各市議会などの運動があったが最終的に「南広岡」に決定し上申書を作成し誘致運動を開始。
金沢市議長は伊藤愛敬 / 出典：『長田のあゆみ』P257

1895 明治28年12月
日清戦争終戦、金沢に第9師団設置の噂と地価高騰

　明治28年(1895)4月に下関条約が締結され日清戦争終結。鉄道は軍事的な輸送の利用で利用されることが多いが、日清戦争時にはまだ金沢停車場は存在していない。そのために師団設置の噂とともに金沢停車場の場所に関する議論が過熱。まだ定まらぬ師団設置場所、停車場場所が誘致合戦の対象となり市内で土地の高騰が起こった。意見書や上申書が提出されてはいるものの、金沢停車場の位置は確定していない、変更の余地あり、という見方だったようである。

　明治といえば文明開化と言われるが、この文明開化の裏にあるのは用地の買収合戦という側面もある。金沢停車場の場所、師団の設置、それぞれがどの場所に設置されるか。それが莫大な富を生むことは明確であった。

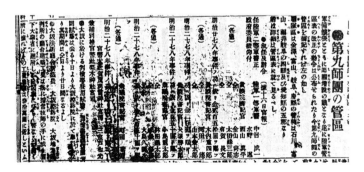

明治29年3月19日付で 第9師団新設が決定したことを報じる北國新聞。設置場所については新聞には記載がなかった。
出典：『北國新聞 明治29年3月19日』(1896) 石川県立図書館蔵

1896 明治29年3月21日
停車場として「木ノ新保」のみが適合

　明治29年（1896）3月21日の北國新聞に再び金沢停車場の用地についての内容が掲載される。その内容は「宗叔町」、「三社付近」「広岡付近」の3つの場所に金沢停車場の噂が流れているがそれぞれの場所は不適合である。適合しているのは「木ノ新保五番丁・七番丁付近」であるとの内容であった。

　金沢停車場の誘致合戦が加熱していたのだろう。紙面では木ノ新保が停車場として確定しているという論調であった。木ノ新保以外の場所は不適合である理由が掲載されている。

　金沢停車場として噂に上がっている宗叔町は人家が多く土地買収に費用がかかる。三社周辺は土地に高低差があり危険であるということ。南広岡は市街地より遠くにあるという理由であった。いずれにしても木ノ新保が停車場として確定付けさせたい論調が感じられる。

金沢駅停車場の各場所の適合不適合の理由などを報じる北國新聞
出典：『北國新聞 明治29年3月21日』（1896）石川県立図書館蔵

場所	不適合の理由
宗叔町（そうしゅくまち）	人家が多く、土地買収に経費がかかる
三社付近	土地に高低差がある
南広岡	市街地より遠くにある

1896 明治29年5月7日
位置と場所の詳細発表

　明治29年（1896）5月7日、金沢停車場は「木ノ新保」であり、その場所の詳細が書かれた記事を発表。金沢停車場の場所の詳細を提示することで加熱し続ける金沢停車場の誘致合戦を鎮めようとしているように感じざるを得ない。この記事の内容は

「金沢停車場には折違町より木ノ新保白鬚神社隣りの正覚寺後方を三角形に取り、その坪数およそ 36,000 坪余（三等停車場）となり、停車場前の通路は仁随寺前辺より東本願寺別院の後辺になる。」※1

　当時の金沢駅周辺のエリアは「白鬚神社」「正覚寺」の名称で伝わる場所であったようである。このように新聞で金沢停車場の場所の詳細を伝えることで過熱した用地買収合戦を沈静化させようとしていたのだろう。

1 『北國新聞 明治29年5月7日』

▲ 金沢駅停車場の場所を説明した北國新聞の記事／出典：『北國新聞　明治29年5月7日』（1896）

◀ 明治28年7月頃の金沢は日清戦争から凱旋したの凱旋祭が行われていた。第9師団設置の噂で地価が高騰した。写真は浅野川大橋での日清戦争凱旋祭の様子

出典：『石川写真百年・追想の図譜』

金沢停車場の位置決定までの流れ

1896 明治29年11月27日 位置確定の発表

明治29年(1896)11月27日の北國新聞にて正式に停車場の場所が報じられる。「鉄道局は金沢－富山間の測量、線路用地・停車場位置の杭打ちを終え、鉄道線路及び停車位置を正式に発表した。線路は犀川仁蔵橋・御影橋の間を通り、太田町、梅鉢清水、蘭田町を経て中橋町に至り、折違町、島田町、玉井町、木ノ新保7番町を包含し、ここに金沢停車場敷地を作り、それより石川郡弓取村字上安江に向かい、堀川宗徳寺、久昌寺付近を通過して砺波仁三郎宅辺りに至るもの。」その場所の地図も同時に掲載されている。これで金沢停車場の場所が完全に確定し加熱した金沢停車場の位置に関する誘致活動も幕を閉じた。

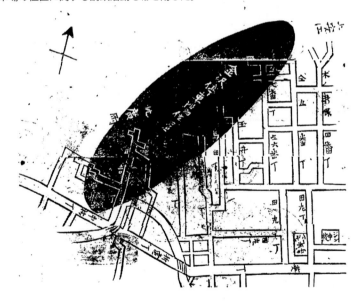
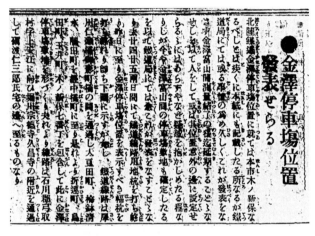
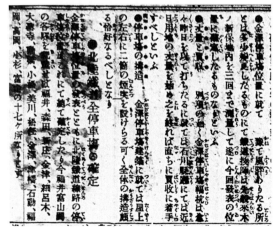

明治29年11月27日に金沢駅停車場の場所を確定したことを報じる新聞記事。
場所は地図を添えてわかりやすく説明している。木ノ新保六番丁と書かれている場所はポルテ金沢の裏の小路である。
出典：北國新聞 明治29年11月27日 石川県立図書館蔵

余談：高田某と北ノ廓

　木ノ新保周辺に住んでいた高田某は金沢停車場が木ノ新保に作られるという情報をいち早く得たのだろう。「高田は、蓮沼とを合わせ約五万坪を坪八銭で買い占めた。そしてそれを坪二十銭で鉄道省へ売りつけた」という逸話が残されている。この話の裏付けを取ることはできなかったが明治31年（1898）4月1日の金沢駅開業当日の金沢駅にも高田氏は顔を出しているので、関わりがあったのは間違いはない。[※1] 高田某とは逆に金沢停車場誘致のやり玉に挙がったのが栄町、松ケ枝町にあった北ノ廓だ。

　北ノ廓ができるまでの詳しい経緯は割愛するが明治13〜14年ころから栄町、松ヶ枝町一帯に料亭が立ち並ぶようになり北ノ廓は明治18年には貸し座敷免許地となる。この北ノ廓の名前は東西の両方の廓に対してつけられたものだった。

　北陸線・金沢駅の話が噂され始めた明治29年（1896）3月。松田平四郎ら11人の市会議員がその移転を主張し始めた。北ノ廓が町のど真ん中にあること、児童の教育上良くないこと、そして金沢駅停車場の場所選定に影響が出るのではないかという理由だ。市会は翌4月、その移転上申を議決し、移転候補地をさがした結果、愛宕町、石坂町、東馬場、堀川角場、西堀川、梅鉢清水、浅野川下流梅沢町、中島町、犀川蛤坂の7か所を選び県知事に上申。[※2] 明治31年（1898）3月末で免許を取り消し、明治32年（1899）8月1日以後、北石坂新町付近に集団移転するよう命じられた。

　金沢停車場の決定まで招致合戦の裏には北ノ郭の移転という出来事が重なっているのである。

1　高室 信一（2013）『金沢・町物語』復刻新版 能登印刷出版部
2　石林 文吉（1972），『石川百年史』石川県公民館連合会

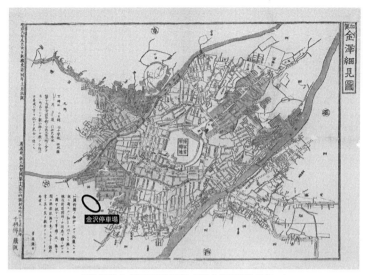

明治時代の金沢駅の場所は金沢の果ての地であった
出典：「金澤細見園」明治9年（1876）8月 金沢市立玉川図書館蔵

「北ノ廓」明治18年（1885）
出典：『20世紀の照像 石川写真百年・追想の図譜 改編版』

1898 明治31年4月1日 金沢駅開業

明治31年（1898）4月1日にいよいよ金沢駅の開業日を迎えたが、残念ながら当日は暴風雨で詳細な様子が報じられていない。奇しくも、新橋での日本の鉄道開業日も暴風雨で延期されたことと重なる。開業の前日、3月31日に行われた試運転の様子や4月2日の様子は北國新聞が伝えている。

3月31日 大混雑の試運転

開業前日である3月31日の試運転では、午前11時20分に金沢駅を出発した列車が、午前11時40分に松任駅に到着し、5分後には出発。

正午に美川駅に到着し、午後1時20分には小松に到着した。客車は西成鉄道から譲り受けたもので、20両で編成されていたが、金沢駅ですでに満席だった。乗客の多くは県官や警官をはじめ関係者であったが、途中の駅で乗車した客は立ち詰めの状態だった。

この時の新聞には、北陸線の終点が小松駅から金沢駅に延伸することで小松駅が衰退するのではないかと危惧する内容も書かれている。

4月1日 大雨により行事は中止

4月1日、開業当日は駅舎前で相撲や餅まきが行われ、奥村男爵を筆頭に旧藩主前田家などが参加。並木町の稲荷座でも芝居や狂言などが行われる予定だったが、途中からすべての行事は中止されたようである。悪天候ではあったが、列車は満員だったようである。残念ながら、詳細なことは報じられていない。

4月2日 事実上の開業

4月2日は、前日の暴風雨を吹き飛ばすような晴天となり、前日に足を運べなかった人々も見学に来たのだろう。金沢駅構内は人であふれかえり、見物のついでに乗車する人も多かったようで、待合室は相当混雑していた。列車の発着ごとに花火を打ち上げ、盛大な盛り上がりとなった。

装飾で彩られた金沢駅に国旗球燈（小さな提灯）を吊るし、午後1時から始まった北ノ廓と高田組の手踊りは暮れまで行われた。金沢駅から玉川町、田丸町（玉井新道）には道沿いに球燈を吊るし、白銀町にも道路沿いに球燈と桜花を飾り、道路中央には行燈風の門を設け、駅周辺が賑やかに飾られた。4月2日が事実上の開業日と言ってもよいだろう。

ここで出てくる北ノ廓とは、金沢停車場用地合戦の際に誘致に影響が出るという理由から移転となった北ノ廓である。一方、高田組は元々この木ノ新保周辺に拠点があり、いち早く土地を買い上げたことで莫大な富を得たと言われている。明暗が分かれた両者が金沢駅開業当日に踊り合ったというのは象徴的な話である。

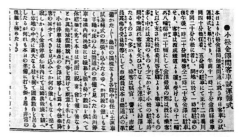

明治31年3月31日の試運転の様子
出典：『北國新聞 明治31年4月1日』（1898）
石川県立図書館蔵

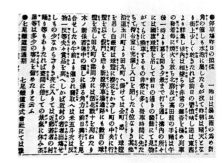

4月2日の様子 高田組・北ノ廓の手踊りについて書かれている。
出典：『北國新聞 明治31年4月3日』（1898）
石川県立図書館蔵

金沢停車場を走った500形蒸気機関車
出典：『細密イラストで綴る 日本蒸気機関車史』

明治31年頃（1898）／出典：『北陸鉄道建設概要』石川県立図書館蔵

明治38年頃（1905）／所蔵：大友 佐俊

明治40年頃（1907）／出典：金沢市立玉川図書館蔵

明治の金沢駅

明治の金沢駅 1868 〜 1912

明治 31 年、ついに金沢駅が竣工。その駅舎の特徴は左右に立つえんじ色の 2 本の煙突で、駅舎全体はライトグリーンに近い色でまとめられていた。東京の新橋駅の色も似たようなライトグリーンの「新橋色」で、その色に倣ったのかもしれない。この駅舎は営業開始当初は灯油ランプで業務を行っていた。明治 33 年にはようやく電灯が設置され、次第に駅前の風景も変化する。写真でもその変化が伺える。明治の後期には、現在の金沢駅の金沢港口（西口）側に鉄道車両用の工場である金沢工場が設置された。この金沢工場は昭和 10 年まで金沢駅西側に存在し、松任に移転した。そして北陸新幹線の福井敦賀延伸に伴い、令和 5 年に幕を閉じた。

明治　　1894 明治 27 年　　　　　　　　1904 明治 37 年　大正　1914 大正 3 年　　1923 大正 12 年
　　　　日清戦争　　　　　　　　　　　日露戦争　　　　　第一次世界大戦　　関東大震災

初代金沢駅舎

明治

1896 明治 29 年
金沢駅の位置確定

1910 明治 43 年
金沢工場設置

大正

1925 大正 14 年
粟崎遊園地開園

1894 明治 27 年
駅が木ノ新保に決定

1900 明治 33 年
電灯設置

1924 大正 13 年
金沢駅拡張工事、北陸地方陸軍特別大演習

1892 明治 25 年
鉄道敷設法

1888 明治 21 年
北陸鉄道会社設立

1920 大正 9 年 乗り降り場上屋改修，駅前の自動車営業許可

1881 明治 14 年
東北鉄道会社設立

1898 明治 31 年
金沢駅開業

1919 大正 8 年 市内電車開通

1868 〜 1912　明治の金沢駅の出来事

明治31年 金沢駅創立　　　　明治33年 電灯設置　　　　明治43年 金沢工場設置

1898　→　1900　→　1910

　明治の金沢は、駅舎の創立、電灯の設置、金沢工場の設置、金沢駅と市街地との接続道路の建設など駅の拡張・拡大の時代だった。明治31年（1898）の創立時から明治33年までの2年間は駅には電燈が無い状態で金沢駅は営業していた。

　金沢駅舎の色は当時、東京などで流行していた色であったライトグリーンが採用され、屋根にはえんじ色の2つの煙突があった。当時の最先端の金沢駅の建物は金沢人にはかなりのインパクトを与えたであろう。

　金沢駅には500形の蒸気機関車が配備。北陸新幹線は500系の最先端新幹線が配備されたことは記憶に新しいが明治時代の「形」と平成「系」。字は違えど奇しくも500ケイという響きが一致する。

　金沢駅前に目をやると駅前には50両の人力車が配備され、貨物運搬などに利用する専用線（側線）も設置された。

　明治の金沢駅は最先端の文明に触れる場所であり、市内の物流や文化にも大きな影響を与えた。

1898年	明治31年	4月1日	★金沢駅創立
1898年	明治31年		駅前広場完成 幅15間(27.7m)、全長80間(145.4m)
1898年	明治31年		玉井新道 幅3.7間(6.7m)、全長228間(414.5m)
1988年	明治31年	12月28日	金沢倉庫株式会社専用側線
1899年	明治32年		停車場新道 幅5.5間(10m)、全長231間(420m)
1899年	明治32年	12月15日	米谷半平氏専用鉄道側線
1900年	明治33年	8月1日	★電灯設置
1900年	明治33年（安江町大火後）		金石街道(拡張) 6.1間(11m)、203間(369m)
1903年	明治36年	3月	人力車を50両から100両に倍増
1900年	明治37年（近江町大火後）		市姫通り 5間(9m)、137間(249m)
1909年	明治42年	10月12日	米原-直江津間の名称を「北陸本線」と定める
1909年	明治42年		人力車の車輪がゴム車輪に切り替わり始める
1910年	明治43年	2月15日	★金沢工場設置
1911年	明治44年	3月	金沢鉄道郵便局舎竣工（2階建て瓦葺きの新築）
1912年	明治45年		専売局通り 6.0間(10.9)、190間(345.5m)
1912年	大正元年		別院通り 3.1間(5.6m)、208間(378.2m)

★のついた内容については詳しく解説しています

余談：明治の金沢駅舎写真

『北陸鐵道建設概要』
石川県立図書館蔵

出典：『北陸鉄道建設概要』石川県立図書館蔵

出典：『北陸線の記録』石川県立図書館蔵

　明治31年（1898）の金沢駅創立時の写真といえば上記の金沢駅舎写真を用いられることが多い。『北陸線の記録』『北陸線を走った列車たち』『金沢ステーションデパート15年史』など非常に多くの書籍に引用されておりこの写真を目にした方も多いだろう。

　この写真を探していくと「撮影年月 明治31年3月 所有者 金沢市小立野三所町 大鋸彦太郎氏」との記述にたどり着く。この所有者が明記されているのは昭和27年（1952）『北陸線の記録』である。「旧金沢駅写真」と「明治31年3月50,148円の巨費を投じたる金沢駅を竣工直後撮影したものである。」とのコメントとともに紹介されている。

　ここに登場する大鋸彦太郎氏というのは石川県の郷土史家大鋸彦太郎氏(1898-1980)のことである。彼の没後に石川歴史博物館に多くのコレクションが寄贈され「大鋸コレクション」として2万点ものコレクションが保存されている。この史料の中にこの明治の金沢駅駅舎の写真が保管されているようである。

　また、明治32年（1899）年3月発行の『北陸鉄道建設概要』にもこの金沢駅舎の写真が掲載されている。この写真は非常に明細な物となっているが、写真の詳細を書き込みした可能性は高い。しかし、当時の金沢駅の詳細を知るには非常に貴重な資料として本書でも利用している。

初代金沢駅舎の大きさと場所

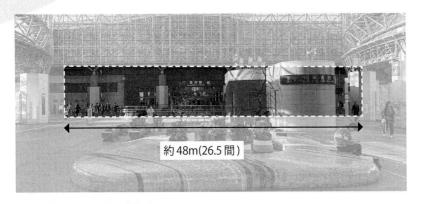

明治に建てられた駅舎のサイズと現代の駅舎のサイズを比較すると明治時代に建てられた木造の金沢駅舎がいかに小さかったかがうかがえる。明治時代の駅舎はすっぽりもてなしドームに収まり、現在の金沢駅東口の前に建っていた。

明治期の駅舎は横幅26.5間(48m)、奥行きの10mの大きさであった。現在の金沢駅にその大きさを当てはめたものが左の写真である。明治時代の駅舎の奥行きは10mであり、この10mはもてなしドームの端と同じ長さ10mを同じである。左の写真は現代と明治時代の駅舎のサイズを比較したものである。

明治31年（1898）／出典：『北陸鉄道建設概要』(1899.3) 金沢鉄道作業局出張所

明治の金沢駅

初代金沢駅舎の色と間取り

初代金沢駅の模型 石川県立歴史博物館蔵

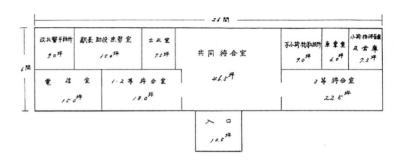

開業当時の金沢駅平面図

　初代金沢駅舎の白黒の写真では色は伝わらないが、側面はライトグリーン (RGB：#90EE90) に近い色である。この色は令和2年 (2020) 金沢市出羽町に開館した国立工芸館のライトグリーンに近い色である。

　このライトグリーンの色は「新橋色」(RGB：#59B9C6) と呼ばれ明治から大正にかけて大流行した色である。新橋色は新橋を中心に活躍していた芸者たちがこの色の着物を身に着けていたことに由来し、明治の新橋の駅舎上部や横浜駅もこの新橋色だった。この新橋色のようなライトグリーンが金沢駅にも使われたのは国内で流行していただけでなく化学塗料の研究が進んだことも一因であると言える。

　明治11年 (1878) に日本ペイントの前身である光明社の茂木重次郎が国内で初めて化学塗料である亜鉛華塗料の開発に成功、洋式塗料である堅練り塗料「油顔色 (ペンキ)」の国産化にも成功し明治後期にはロシアや中国に輸出まで行っている。[1] 金沢駅のみならず多くの建物がこのライトグリーンの色に覆われていたのだろう。

　金沢駅の構内図も残されており当時の建物の使われ方なども知ることができる。金沢駅舎の入口に入ると155㎡ (47坪) の共同の待合室、左右には66㎡ (20坪) のほどの待合室。現在は廃止となってしまったが乗客の荷物を預かる手荷物取扱所も駅の中にあった。向かって左奥、プラットフォームの眼の前には駅の出札室があり、切符の販売はここで行っていた。この構内図には書かれていないが駅長・助役・庶務室の奥から屋根裏に上がれたようである。

1　金倉顕博 (2015)『近代日本における塗料工業の発祥』日本化学会

明治40年頃（1907）／出典：金沢市立玉川図書館蔵

明治の金沢駅

初代金沢駅舎の特徴

金沢駅舎の煙突と入口
出典：『北陸鉄道建設概要』石川県立図書館蔵

金沢駅は明治創立の「初代駅舎」、昭和29年（1954）に竣工の「2代目駅舎」、そして令和の現在の駅舎である「3代目駅舎」の3代の駅舎が存在する。この明治の駅舎は初代駅舎と呼ぶ。初代駅舎は木造造りで、この建物は昭和29年（1954）のコンクリート製の駅舎竣工までの56年間もの間、駅舎として利用された。その間に日露戦争、太平洋戦争などの戦争を経験し多くの出征を見送る駅舎となった。

初代駅舎の特徴は屋根の左右に2本の煙突、駅舎の中心に共同待合室につながる入口。この駅舎は煙突や時計、乗降場、休憩所設置など何度も改装を重ね年代によって見分けることが可能である。

2本の煙突

明治、大正、昭和と金沢駅舎の改修工事で煙突が徐々に変化していることが分かる

駅舎入口の屋根

駅舎入口の時計設置前と設置後。時計の設置は昭和5年。

初代駅舎の煙突は「うさぎ型」ともいえる2つの突起が上部にある煙突。この煙突はレンガ造りである。この煙突は明治期はこの形状であったが、大正中期には右上写真に見られるようにオブジェが確認できる。煙突の代わりに設置されたものであると考えられる。煙突、オブジェの両方を兼ねている時代もあり、煙突やオブジェの存在で写真の推測が可能である。上記中央の写真は大正8年で2つ形状の物体が確認できる。上右の大正13年の写真ではレンガの煙突から金属製の煙突に変化し、オブジェクトが一つ確認ができる。

金沢駅舎の入口の屋根には明治期には時計が設置されていない。電気時計は明治・大正期に存在はしていたが電気の供給が安定していなかったため、全国的に広く普及しなかった。電気時計は電気の周波数が50hz/60hzが定まった昭和7年頃に一般に普及し始めたのである。昭和5年金沢駅に26箇所の電気時計が設置され金沢駅ではいち早く早く文明の力を取り入れたのである。この時計の設置の有無で金沢駅の写真の年代を推測することができるのである。

専用線

金沢駅舎の人力車口と専用線
出典:『北陸鉄道建設概要』石川県立図書館蔵

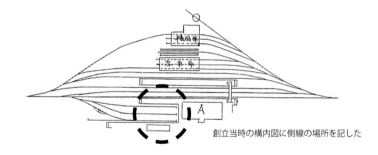

創立当時の構内図に側線の場所を記した

　金沢駅舎に向かって左側に貨物専用線が設けられた。明確な時期は不明であるが金沢駅創立以降まもなく設けられたようである。明治31年12月金沢倉庫株式会社を皮切りに明治32年（1899）12月米谷半平氏、大正5年（1916）金沢軌道興業株式会社、大正9年（1920）金沢材木株式会社、金沢紡績株式会社、大正13年（1924）金沢市瓦斯線(ガス線)の専用線が敷設された。※1 この専用線の貨物のエリアは昭和60年あたりまでこの場所で営業が続けられた。

1　金沢駅（1954）『金沢駅 駅勢要覧 昭和28年度版』金沢市立玉川図書館蔵

人力車乗降場

最全盛期の金沢駅の人力車 大正13年頃（1924）/ 出典：石川県立図書館蔵

　金沢駅舎に向かって右側。人力車の乗り降り専用の乗降場が設置された。明治時代の主要の交通機関は人力車であった。この人力車は明治元年頃から日本国内で普及し始め、大正後半の金沢駅に人力車の台数は最大数を迎える。その後はモータリゼーションの波で人力車は姿を消し、バスやタクシーの利用が一般的になる。

　金沢駅の人力車は明治31年（1898）の創立時に塚本岩松氏の出願により人力車50台を駅前に配備。明治36年（1903）3月には100台に倍増。大正3年（1914）4月にはさらに3台を配備し大正6～7年頃に人力車の全盛期を迎える。

　大正8年（1919）に金沢市電が開業するとともに人力車の台数が減少。大正9年10月には80台、大正15年（1926）2月には55台と減少。昭和2年（1927）11月には45台にまで減少し、時代とともに人力車はその姿を消していく。

　タクシー自動車営業について大正9年（1920）に「金沢自動車商会」に1台の配備されたことが始まりである。これは人力車の脅威となった。その救済策として人力車側に大正15年（1926）10月6日に「誠心会」を組織させ、自動車2台による金沢駅での自動車営業の許可が与えられた。現代は鉄道とバス・タクシーの連結が大切であるが当時は鉄道と人力車の連携であった。

金沢駅前の宿「安井旅館」

明治40年頃（1907）の安井旅館。建物前には軍用旅舎、御宿の看板が立っている。
出典：『石川百年―写真集』

昭和4年頃（1929）に安井旅館は金沢ホテルとして建替えが行われた。
出典：『写真図説 金沢の500年』

金沢駅の開業とともに駅前に開業したのは「安井旅館」と「小松屋」の2軒の旅館であった。小松屋は小松から進出した旅館だった。特にこの安井旅館は軍指定の旅館という理由もあり駅前の旅館で最も有名な旅館であった。昭和4年頃（1929）に金沢ホテルとして建替えが行われ、昭和20年（1945）7月の終戦間際の建物疎開に伴い建物は姿を消した。

安井旅館は安井善吉が創業時から切り盛りし、その息子である安井音吉（右写真）も旅館で働き、音吉は後金沢の繊維業界に進出し成功を収める。音吉は明治13年（1880）4月11日に小松市で生まれ、尋常高等小学校の高等科を卒業し、17歳で家業を離れ横浜の安藤商店で働き、明治41年（1908）に金沢に戻って輸出絹織物の問屋業を始めた。大正12年（1923）には海外を視察し、絹よりも人工絹糸の重要性を感じ繊維業界の発展に貢献。旅館業から絹織物の業界へ転身し金沢の絹織物を支えた。

安井音吉
出典：『石川県産業功労碑集』

開業年月	旅館名	住所
明治31年？(推定)	やす井	木ノ新保7番丁4
明治31年？(推定)	小まつや	内国運輸のとなり
不明	中川旅館	木ノ新保(以下不明)
明治38年5月	横山旅館	木ノ新保7番丁4－5
明治40年9月	西田屋	木ノ新保5番丁74－2
明治42年4月	新保屋	木ノ新保2番丁42
明治43年10月	砺波屋旅館	木ノ新保4番丁109

明治期に確認できた木ノ新保で営業を行っていた旅館の一覧

駅前の安井旅館（やす井）の文字と建物の一部が写っている
明治40年頃（1907）／出典：金沢市立玉川図書館蔵

1900 明治33年8月 電灯設置

明治38年頃（1905）電柱が設置された金沢駅前
所蔵：大友 佐俊

▲明治33年（1900）石川県初の電気会社 金沢電気株式会社の辰巳発電所の水槽
出典：『石川写真百年・追想の図譜』

◀森下八左衛門
和菓子商老舗の「森八」12代目当主。電気事業を筆頭に私財を投じて金沢の近代化に尽力した。
出典：『近代を拓いた 金沢の100偉人』北國新聞社

　明治31年（1898）の金沢駅創立から明治33年（1900）の電灯設置までの2年間。金沢駅はランプでの営業を行っていた。明治33年にようやく電灯が設置されより明るい金沢駅となったのである。

　電気の普及の歴史をたどると、実用的な発電機は明治3年（1870）ベルギーの電気技術者ゼノブ・テオフィル・グラムの開発が電気が世界的普及の始まりと言われている。翌年の明治4年（1871）には日本で初めて横浜にガス灯が点灯し明治5年（1872）には新橋と横浜間に鉄道が開通した。ガス灯と鉄道はほぼ同じタイミングでの普及である。

　そして10年後の明治15年（1882）に日本で始めて東京銀座にアーク灯が点灯、明治18年（1885）に日本初の白熱電球が点灯する。

　注目すべきは明治28年（1895）に東京電灯・浅草発電の操業開始時に利用したのがAGE製の50hzの発電機であった。これをきっかけに東日本は50hzの周波数が普及。明治30年（1897）大阪電灯はアメリカGE製の発電機を増設するのであるが、この発電機が60hzであることをきっかけに西日本は60hzとして普及。

　金沢では明治22年（1889）に森下八左衛門（森八の元経営者）が電気事業計画するが計画は断念。明治29年（1896）に市営として水力発電事業が設置。（後に森下氏などに譲渡）

　明治33年（1900）に犀川上流で辰巳発電所が完成し金沢電気株式会社が240kWの電力を発送電を開始。[※1] 明治33年。辰巳発電所で作られた電気を使って金沢駅には50灯の電灯が灯されたのである。

　金沢駅前の電柱は明治33年に建てられ、その姿は昭和30年代後半まで駅前広場に残っていたことが確認できる。昭和37年に完成する金沢ビル、昭和39年の金沢駅前のバスターミナル完成のときには電柱を確認することができない。地中化などにより電柱は姿を消したようである。

1　金沢市企業局（2010）『金沢市の発電事業金沢市企業局』金沢市企業局

電灯が設置されたあとの金沢駅舎
明治38年頃（1905）所蔵：大友 佐俊

明治の金沢駅

余談：駅？停車場？どこまでが金沢駅？

　JR東日本、JR西日本、JR東海のそれぞれの総則第3条の定義によると「駅」とは、旅客の取扱いをする停車場をいう。と定義されている。要するに「駅」と言うのは旅客を取り扱う場合利用する名称で貨物などを含んだ場合は一般的に「停車場」と定義されている。本書でもできる限りこの使い分けを行っている。しかし本書のタイトルである「金沢駅のゆくたて」の金沢駅の意味は少し大きな意味で利用している。金沢駅舎、駅内工場、駅に接続の交通機関、金沢駅周辺の商業施設、駅周辺の風景なども含めて「金沢駅」と指している。

　2代目金沢駅舎への建て替えの際は国と民間がともに協力して駅を運営する「民衆駅」という形で建て替えられ「金沢ステーションデパート」の歴史が始まった。平成に入り、もてなしドームや鼓門が建てられたときは「金沢駅東広場」として開発が進み、かなり大きなエリアを金沢駅として捉えられているように感じる。実際に生活の中で「カナエキへ行こう」(金沢駅)と話し掛けられた時に頭の中で描いているのは駅周辺の敷設を含んだエリアではないだろうか。

　本書では右頁の破線のエリアを金沢駅として少し大きめの広さで設定している。このエリアに設定したのは、まず金沢駅西口方面は大正時代から工場などが立ち並んでいたこともあり、当時の金沢構内図はこの西方面のエリアも駅として認識されていたのである。大正時代の金沢駅の構内図は金沢駅西広場、時計台駐車場一部も含み描かれている。また本書において東口方面は金沢駅東広場とその周辺の建物、金沢ビル跡地(都ホテル)、ポルテ金沢、ANAクラウンプラザホテル周辺、金沢フォーラスなどを含んだエリアも駅として捉えている。

　大正時代の駅のエリアであることに加え、駅前開発によって影響を受けたエリアを含んで本書では「金沢駅」のエリアとしている。

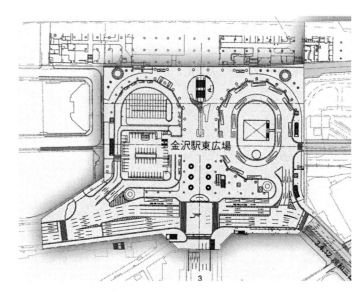

金沢駅東広場のエリア。平成17年からは地下部分にも拡大した。
出典：金沢市編(2015.3)『金沢駅北土地区画整理事業 金沢駅東広場』

本書で「金沢駅」として取り扱うエリア：大正時代の停車場のエリア、再開発などで影響を受けたエリア
令和5年（2023）12月 Google Earth の金沢駅周辺

金沢駅から市街地への接続 1898 〜 1900

金沢駅が完成したが、金沢駅から市街地への接続がない限り駅として機能しない。どの時代でも駅は町との接続の関係を考えることになる。接続を考えたとき市中構造の破壊を懸念する。古い駅周辺の道路が斜めに分断されていたりする地図を目にする事があるだろう。金沢駅も同じように市中構造の破壊の懸念とともに新しい道路の建設が行われた。

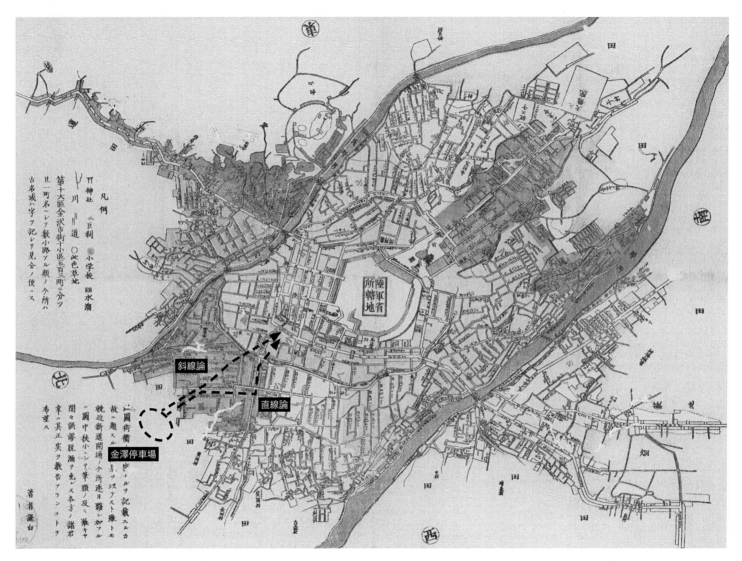

『加賀金澤細見図』明治9年9月21日／出典：金沢市立玉川図書館蔵
地図は明治9年（1876）の金沢の町である。金沢駅が街の郊外に設置されたことが確認できる。
この金沢駅から市街地にどのように道路を設置するかが大きな焦点となった。
駅から市街地へ「斜線」で接続するのか。既存の道路を活用して「直線」で接続するのか。
令和の現在では金沢駅から武蔵ヶ辻に抜ける斜線での接続である。開通は金沢駅創設より92年後の平成8年

明治の駅前新道路

　金沢駅開業の明治31年（1898）時点で金沢駅から金沢市内への接続道路は現在の金沢駅通りが計画された（斜線接続）。しかし、多くの建物が取り壊しとなり多く予算がかかるということで、明治期では直線計画が採用された（駅前→リファーレ前で右折→白銀ルート）。現在の金沢駅前から武蔵ヶ辻への大通り（金沢駅通り）は最終的に平成8年（1996）にようやく完成した。道路計画から完成までに92年もの年月が掛かった。

　この明治時代に市内接続のために建設された道路は8つ。駅前広見、玉井新道、停車場新道、市姫通り、専売局通り、大正時代に入り別院通りが完成する。金石街道は拡張という形で市内接続道路として利用した。

　駅前から市内へは駅前広見、停車場新道、金石街道を経て近江町市場周辺へつながるルートとなった。道路計画の途中に闘争となったが安江町の大火災をきっかけに納得の行く計画変更となり完成に至った。

金沢駅から市街地への接続

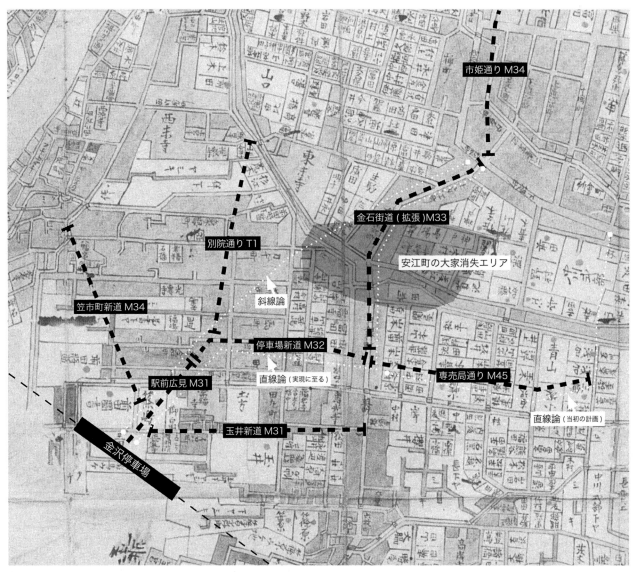

出典：『安政頃金沢町絵図』(1854-1860年) 石川県立歴史博物館

年代	幅、全長	道路名
駅前広見	15間(27m)、80間(145m)	明治31年(停車場開業時)
玉井新道	3.7間(7m)、228間(415m)	明治31年(停車場開業時)
停車場新道	5.5間(10m)、213間(387m)	明治32年
金石街道(拡張)	6.1(111m)、203間(369m)	明治33年(安江町大火後)
市姫通り	5.0間(9m)、137間(249m)	明治37年(近江町大火後)
専売局通り	6.0間(11m)、190間(345m)	明治45年
別院通り	3.1間(5.6m)、208間(378m)	大正元年

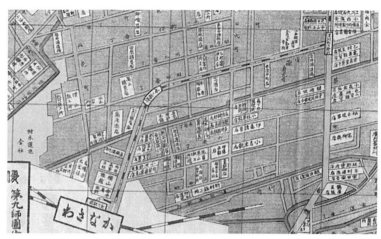

大正期の金沢駅から市街地へのルートが書き込まれている明細地図。
駅前→停車場新道→金石街道→武蔵ヶ辻に接続した。
出典：古今金澤『大日本職業別明細図・金沢市』大正13年（1924）

金沢駅から市街地への接続

　明治30年（1897）金沢駅前と市街地とを結ぶ新設道路の建設計画が始まった。金沢駅前に広大な敷地を設け軍隊輸送の予備地としても利用することを念頭に駅前の広見は難なく完成した。

　紛糾したのは駅前から市街地への新設道路の具体的なルートであった。このルートに関しては最終的に修正案を含め26案が出されているのである。多くの案の内容を大きく分けると「斜線論」と「直線論」に分けられた。[※1]斜線論(現在の金沢駅通り)は駅と国道を最短距離で結ぶ案で建設費が安くなる一方、地元民からは家屋が斜めに切り取られるなどの問題が指摘された。

　直線論は既存の道路を活用することで家屋の立ち退きを減らし、市街地をなるべく残す方法であるとして直線論は地元からの支持を受けたのである。

　この2つの議論の結果、地元の支持が多かった直線論の採用となり、駅前→停車場新道→専売通り→下堤町へ抜ける接続道路として計画された。

　この道路の整備に伴い金沢市は建設費の半額を県に補助要請したが、他の地域に対する公平性に欠けるという理由で却下となるのである。それにより金沢駅創立時には駅前広見のみの建設となり残りの工事は後回しとなったのである。

　明治32年（1899）4月の安江町の大火が発生し安江町の多くが消失。この消失により専売局通り経由での市内への接続から金石街道の拡幅工事として計画が変更となるのである。建設費も安くなったことも変更の理由であった。市街地への接続は直線論には変わりがないが駅前→停車場新道→金石街道(拡張)→武蔵ヶ辻というルートと変更で建設されることとなったのである。

　この計画の決定過程が複雑で混乱をもたらしたため、金沢市は明治33年に「市区改正調査委員会」を設立。以降の街路計画はこの委員会が審議し市会が承認する形に変更となったのである。

　このときに実現しなかった斜線論は昭和5年（1930）の都市計画道路で復活し平成8年（2006）に完成。これが現在利用している「金沢駅通り」である。駅が設置されてから92年後にようやく駅と市街地が現在の形で接続されたのである。

1　土屋敦夫（1998）『明治期の金沢の街路計画-駅前放射状道路と師団連絡道路-』1998年度第3回日本都市計画学会学術研究論文集

1898 明治31年 駅前広見

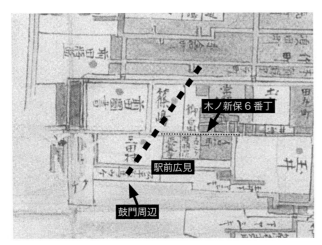

金沢駅前の鼓門の場所周辺、駅前広見は破線。木ノ新保6番丁は
ポルテ金沢の裏通りの小路である。江戸期から存在するため目印となる
出典：『安政頃金沢町絵図』(1854年-1860年) 石川県立歴史博物館蔵

明治40年頃（推定）の駅前の広見。現在はこのエリアはもてなしドームの中である。駅前広見には柳の木が
立てられていた。最終的に安井旅館前の柳が駅前の大柳として昭和初期まで残されていた。
出典：金沢市立玉川図書館蔵

駅前広見は金沢駅の東口(兼六園口)を出てすぐの場所である。現在は鼓門やもてなしドームなどが立ち観光の玄関口として利用されている場所である。

この場所は明治31年（1898）の金沢駅創立に合わせて工事が進められ完成した。軍隊輸送の予備地としても利用できるようにと広い場所となっている。金沢駅創立時には50台の人力車も待機し乗降場としても利用された。広さは幅27m、全長145mとの記述があり推定では駅舎前の安井旅館の前(ほぼ鼓門あたり)から旧都ホテルの隅、茶屋旅館前あたりまでである。この道路のために周辺の建物はほとんど取り壊しとなったのである。

太平洋戦争でもこの広見は軍隊が利用され、この現代でも観光の窓口として利用されている金沢の玄関口である。

現在この場所は平成17年（2005）に「金沢駅東広場工事」として新幹線開業に向けて整備された。

1898 明治31年 玉井新道

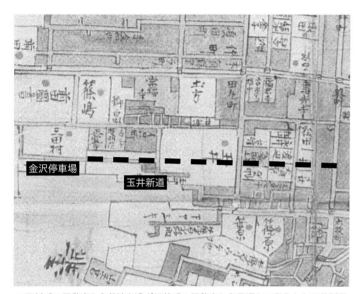

三田村氏の屋敷裏から蓮池を過ぎ玉井氏の屋敷裏から貫通して作られた玉井新道
出典：『安政頃金沢町絵図』(1854年〜1860年) 石川県立歴史博物館蔵

ANAクラウンプラザホテルの前から金石街道に向けての道路。大通りを挟んでいるので一本の道路には見えないが地図でも一本につながっていることが確認できる。撮影：令和6年（2024）1月3日

ANAクラウンプラザホテル前に「旧玉井町」の碑が建っている。奇しくもこの周辺（駐車場寄り）から玉井新道が始まる。撮影：令和6年（2024）1月3日

　玉井新道はANAクラウンプラザ（全日空ホテル）の前のからポルテ金沢前の大通りを挟み、金石街道に向かって伸びる415mの道路が玉井新道である。度重なる再開発の影響で玉井新道は一本の道路としてつながっているように見えないのであるが、駅前の駐車場あたりから400m金石街道に向けての道路はこの時代に一本の道路として作られたものである。

　この玉井新道は名前の由来はかつてよりこの地に「玉井家」の邸宅があり、地名が玉井町であったことによる。旧玉井町を示す碑がANAクラウンプラザホテル前に建っている。この玉井家は加賀藩士玉井勘解由屋敷で元禄6年（1693）の侍帳には「安江木町専光寺近所」とあることから、江戸時代初期からこの場所に居住していたと考えられる。実際に延宝金澤図（1673〜1681年）に玉井の名前を見つけることができる。

　明治31年の金沢駅創立時に同時に建設された道路である。

1899 明治32年 停車場新道

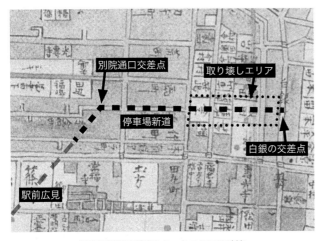

停車場新道で道路となったエリアは破線
白銀周辺の多くの家屋が取り壊されたと推測ができる
出典：『安政頃金沢町絵図』(1854年-1860年) 石川県立歴史博物館蔵

令和の現在では「停車場新道」という名前で呼ぶことは無い道路だが、金沢駅前の茶屋旅館の前あたりからリファーレ金沢前の交差点 (別院通り口交差点) から白銀の交差点 (金石街道) までのおよそ400mの道路である。この道路は明治後期から平成8年 (1996) まで金沢駅から市街地を結ぶ主要道路として活躍した道路である。

この道路は江戸期の狭い路地をうまく利用して作られているが江戸期の地図に道路を重ねてみると、白銀交差点・金石街道へ抜ける手前の家屋が取り壊されて道路が建設されたようである。(上左図の取り壊しエリア)

金沢駅が開業した明治31年 (1898) 4月2日の様子が新聞に書かれており、そのときにこの停車場新道と思われる場所の様子が描かれている。道路沿いに球燈と桜花を飾り、道路の中央には行燈風の門を設け、駅周辺が賑やかに飾られた。また、右下の写真の様にこの停車場新道には緑門に近い凱旋門が飾られていた。右の写真は明治39年とされており、日露戦争のあとの凱旋門と思われる。

平成8年 (1996) に「金沢駅通り」が開通し金沢駅と市街地を結ぶ主要道路は停車場新道から変更となった。

停車場新道の風景の明治期の絵葉書
明治39年 (1906) 頃
出典：金沢市立玉川図書館蔵

1900 明治33年 金石街道(拡張)

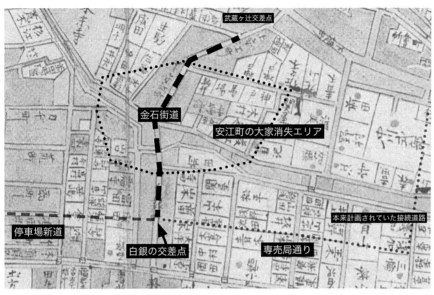
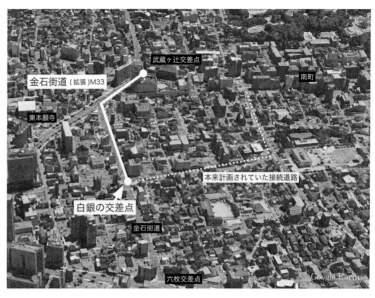

停車場新道で道路となったエリアは破線
白銀周辺の多くの家屋が取り壊されたと推測ができる
出典：『安政頃金沢町絵図』(1854年-1860年) 石川県立歴史博物館蔵

　金石街道であるがこの街道はかつてから宮腰往還と呼ばれ、その歴史は古く元和2年（1616）加賀藩三代目藩主 前田利常の時代に作られた歴史のある道路である。

　最終的に金沢駅から市街地へ金石街道を拡張工事して接続するのであるが、当初の計画ではこの金石街道を経由する予定ではなかった。金石街道を経由することになった理由は「安江町の大火」（明治32年（1899）4月11日）である。この大火により市街地への接続の道路建設費用が安価になる理由から大火に便乗し拡張工事を行ったのである。

　この大火の前までは白銀交差点から専売局通りを経て下堤町へ抜けるという計画であった。（駅前→リファーレ前右折→白銀交差点→玉川図書館左折→南町）この道路建設計画はどのルートで決着するか相当紛糾しており、最終的に安江町の大火が金石街道経由決定の理由となった。

　この道路計画決定が複雑で混乱をもたらしたため金沢市は明治33年（1900）に「市区改正調査委員会」を設立。以降は街路計画はこの委員会が審議し市会が承認する形に変更となったのである。

安江町の大火を報じる北國新聞。消失エリアも描かれている。
出典：『北國新聞 明治32年4月12日』（1899）石川県立図書館

大正の金沢駅 1912〜1926

大正の金沢。大正時代を迎えるのは金沢駅創設から約15年後。明治期には非常に狭かった金沢駅は、工場や専用線などを含めると現代の金沢駅よりも広い敷地として拡張された。金沢駅を起点とした市電が金沢市内に設置されるのもこの大正時代である。そして注目したいのは大正13年（1924）に行われる「北陸地方陸軍特別大演習」である。この特別演習では皇太子殿下、後の昭和天皇もご覧になった。この演習の参加人数は3万人を超え、その移動を金沢駅が支えた。演習前には数多くの駅の改修工事が行われ、金沢駅の一大イベントであった。演習の際に金沢駅の空中写真も初めて撮影され、現代との比較のための大切な資料となっている。大正の金沢駅は軍の拡張とともに発展したのである。

| 明治 | 1894 明治27年
日清戦争 | 1904 明治37年
日露戦争 | 大正 | 1914 大正3年
第一次世界大戦 | 1923 大正12年
関東大震災 |

← 初代金沢駅舎

明治

1896 明治29年
金沢駅の位置確定

1910 明治43年
金沢工場設置

大正

1925 大正14年
粟崎遊園地開園

1894 明治27年
駅が木ノ新保に決定

1900 明治33年
電灯設置

1924 大正13年
金沢駅拡張工事、北陸地方陸軍特別大演習

1892 明治25年
鉄道敷設法

1888 明治21年
北陸鉄道会社設立

1920 大正9年 乗り降り場上屋改修，駅前の自動車営業許可

1881 明治14年
東北鉄道会社設立

1898 明治31年
金沢駅開業

1919 大正8年 市内電車開通

1912〜1926 大正の金沢駅の出来事

明治43年 金沢工場設置

1910

出典:『北陸地方陸軍特別大演習記念写真帖』

大正5年 駅前歓迎門設置

1916

出典:大正5年(1916)5月1日 北國新聞

大正8年 市内電車が開通

1919

出典:『金沢市電車開通 記念写真帖』

大正9年 駅前の自動車営業許可

1920

出典:「停車場前」金沢市立玉川図書館蔵

1910年	明治43年	2月15日	★金沢工場設置
1912年	明治44年	5月15日	世界一周連絡運輸開始
1912年	明治44年	3月12日	ジャパン・ツーリスト・ビュロー創立
1913年	大正2年	4月1日	北陸本線(米原-直江津)全線開通で上野との直通列車が開通
1914年	大正3年	2月1日	売店開始(山田ツル氏に営業許可)
1914年	大正3年	4月	人力車3台を追加
1914年	大正3年		急行列車と一等寝台車の運用が開始される
1914年	大正3年		人力車の台数が130輌となる(この台数が最大)
1916年	大正5年	5月1日	★駅前には金沢市の歓迎門が建てられる
1916年	大正5年	5月11日	金沢軌道興業株式会社専用側線設置
1917年	大正6年		大正6年〜7年が人力車の全盛期
1919年	大正8年	1月	自動車取締令 バス事業は個人企業から会社業態に移行
1919年	大正8年	2月1日	★市内電車が開通
1919年	大正8年	5月28日	操車掛詰所復旧工事 災害復旧工事
1919年	大正8年	7月6日	金沢駅詰所増設 改札掛詰所新設工事着手
1920年	大正9年	2月4日	金沢材木株式会社専用鉄道側線設置
1920年	大正9年	2月6日	金沢紡績株式会社社用側線設置
1920年	大正9年	10月19日	★「金沢自動車商会」に1両に営業許可(駅前)

1920年	大正9年	2月28日	構内休憩所新築
1920年	大正9年	3月30日	★乗降場上屋改修、出入口改修
1920年	大正9年	8月1日	駅前改修 排水溝工事
1920年	大正10年	3月30日	休憩所新設
1920年	大正10年	9月1日	★金石電鉄連帯運輸開始
1921年	大正11年	11月14日	屋根改修 改札口屋鉄板葺(いたぶき)
1922年	大正12年	3月7日	「持明院妙蓮池」として国の天然記念物の認定を受ける(藤井健次郎などによる尽力)
1923年	大正12年	5月25日	平澤嘉太郎の計画に鉄道敷設免許
1923年	大正12年	9月1日	関東大震災
1924年	大正13年	1月〜10月	第三次拡張工事、第四次拡張工事
1924年	大正13年	3月27日	金沢市瓦斯線設置
1924年	大正13年	6月30日	第一次大拡張工事、第二次大拡張工事
1924年	大正13年	11月2日	★北陸地方陸軍特別大演習
1925年	大正14年	5月10日	浅野川電鉄 第一期工事七つ屋〜新須崎線 約5.3kmが開通
1925年	大正14年	7月19日	★粟崎遊園地開園
1925年	大正15年	05月18日	金沢駅前〜七つ屋 0.8kmが営業を開始
1925年	大正15年	10月06日	「誠心会」を組織し自動車2両に営業許可

★のついた内容については詳しく解説しています

　大正の金沢駅は金沢工場の設置に始まり平沢嘉太郎の粟崎遊園の開園で終わる。金沢駅の創設と同じ明治31年(1898)に設置された第9師団であるが金沢駅から多くの兵士が出兵し彼らの移動を支えた。師団の凱旋の際には金沢駅に凱旋門が設置されたことからも当時の金沢駅が玄関であったのだろうと想像ができる。

　大正8年(1919)には金沢市内に市電が設置され、金沢駅がその起点となり軍人や市民、観光客の足を支えた。市電の営業開始と同時期に金沢自動車商会に初めて金沢駅での自動車の営業許可が与えられ、市電と自動車で客の足を奪い合いとなるのである。

　戦中の昭和20年(1945)には市電は駅前が終点ではなくなり環状化。市電はモータリゼーションの波にもまれながらも昭和42年(1967)に幕を閉じる。市電は48年間の間営業した。

大正9年 乗降場上屋改修

1920

出典:「停車場前」金沢市立玉川図書館蔵

大正13年 大拡張工事

1924

出典:石川県立歴史博物館蔵

大正13年 北陸地方陸軍特別大演習

1924

出典:『摂政宮殿下北陸行啓 記念写真帳』

大正14年 粟崎遊園地開園

1925

出典:『大金沢繁昌記』

大正の金沢駅

大正時代の金沢駅を象徴する風景
出典:「停車場前」金沢市立玉川図書館蔵

大正時代の金沢駅を象徴する写真の一枚。左にタクシー、中央に市電、右に人力車と当時の金沢駅を象徴する一枚。大正13年に行われる大正の金沢の大イベントの軍事演習に備えて金沢駅は大きく改修される。この写真は改修前のもの。

大正8年以降

大正13年に行われた北陸地方陸軍特別大演習
出典:『石川百年―写真集』

大正時代の金沢の最大のイベントとなった大演習。天皇陛下(体調不良により皇太子の参加)と4万人の兵を迎えた。金沢駅では演習に備え改修工事が進められた。

大正13年

大正13年(1924)に北陸地方陸軍特別大演習が行われる。この軍事演習は大正時代の金沢で最も盛大なイベントであり金沢の玄関口である金沢駅にとっても非常に重要なイベントであった。天皇陛下を始め多くの人を迎えるために駅の改装工事を行った。

軍事演習に参加した人数はおよそ2万人。金沢駅は人員輸送を支え、金沢市内のホテルでは部屋数が足らず一般の民家に宿泊したという。金沢市総出の大イベントだった。また、注目すべきは皇太子も参加したために多くの写真が残されたことである。この多くの写真が大正の金沢駅を知る大切な資料となっている。

災害など暗いニュースの多い大正を締めくくったのが粟崎遊園のオープンである。粟崎遊園は金沢駅から離れた地に建設されていたが、金沢駅の広見に粟崎遊園行の駅・鉄道が設置されていたために紹介する。

1910 明治43年 金沢工場設置

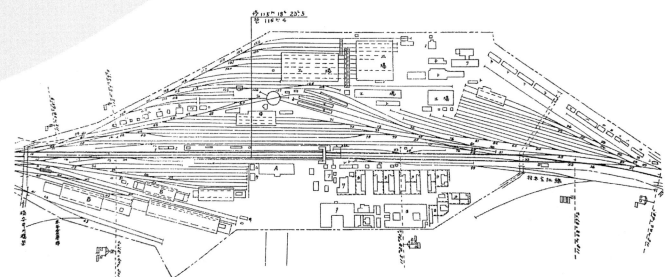

金沢駅西方面には「工場」の文字を見つけることができる
出典：金沢駅構内図『北陸線を走った列車たち』

大正の金沢駅

58

　明治43年（1910）に機関車や車両の修理のための金沢工場（金沢修車場）が金沢駅西側に設置される。この金沢工場は金沢駅西方面に昭和10年（1935）までの25年間存在していた。現在はハイアット金沢などが並ぶ金沢駅西口周辺である。当時の工場の姿は大正13年（1924）の金沢駅の航空写真で見ることができる。

　明治31年（1898）金沢駅創立と同時に「金沢機関庫」を設立、従業員100名。500型機関車9両で金沢 - 福井間を旅客客車4往復、混合列車1往復が始まりだった。金沢工場の設置と同時期の明治44年（1911）に「金沢列車電燈所」を設立。大正11年（1922）には金沢機関庫より客貨車部門が分離し「金沢検車所」を設立。昭和11年（1936）に白山市松任に工場は移転。機関区、車検区、電車区と名称を変える。昭和26年（1951）には区を合併し「金沢客車車区」の名称となる。※1 金沢工場は令和5年（2023）に北陸新幹線敦賀延伸とともにその役目を終え閉所となった。

1　金沢運転所（1994）『30年のあゆみ』30年の歩み編さん委員会

明治42年度	金沢機関庫内に金沢修車場として設立、翌年に中部鉄道局金沢工場に改称
昭和10年度	現在地に移転し、名古屋鉄道管理局、松任工場に改称
昭和25年度	金沢鉄道管理局松任工場と改称
昭和44年度	蒸気機関車（SL）の修繕を廃止、北陸本線全線電化
昭和48年度	特急電車の修繕を開始
昭和62年度	JR西日本金沢支社松任工場に改称、国鉄民営化
平成7年度	681系初回要部検査始まる
平成9年度	金沢総合車両所が発足（松任本所）、松任工場と金沢運転所が統合
平成17年度	富山港線廃止。その後LRT化
平成26年度	北陸新幹線金沢延伸、開業、北陸本線（金沢以東）三セク化
平成27年度	観光列車「花嫁のれん」「べるもんた」運行開始
令和元年度	計画科と車両検修センターの1科、1センターに組織改正
令和3年度	敦賀支所と敦賀支所福井派出所が発足
令和6年度	閉所、北陸新幹線敦賀延伸、開業、北陸本線（金沢以西）三セク化

出典：中日新聞 2023年8月9日＜JR松任本所の閉所を前に＞
（上）新幹線延伸の陰、役目終えより

金沢駅の全体像を捉えた初の空中写真。軍事演習に合わせて撮影された
金沢駅付近ノ航空写真 / 出典:『大正13年度 北陸地方陸軍特別大演習記念写真帖』(1924)

大正の金沢駅

1919 大正8年 市内電車開通

大正の金沢駅

市電開通後の金沢駅前の写真。大正時代の金沢駅を代表する写真
出典：金沢市立玉川図書館蔵

市電開通後の写真。花などで装飾した花電車。廃線の際も花列車が走った
出典：『金沢市電車開通 記念写真帖』

大正8年（1919）に金沢電気軌道株式会社の市内電車(市電)が開通。明治39年（1906）金沢の市電の計画が始まったのだが全国的にそれほど遅いものではなかった。

日本初の電車である京都電気鉄道は明治28年（1895）に開業。金沢の市電の発起人にはその日本初の市電である京都電気会社の高木文平などが含まれていた事が全国的に早い市電計画につながったのかもしれない。

しかし、金沢の市電は資金集めにはかなり苦労し、最終的には金沢市長 山森隆の助けを得て地元で株式が集められ、大正6年（1917）9月工事に着手。大正8年（1919）2月1日に開通した。

市電は電気を利用して走るのであるが、金沢の電気は明治33年（1900）に犀川上流で辰巳発電所が完成したことで市内への電気の供給が始まり、同年8月には金沢駅に電燈が点灯。その6年後に市電が開通。

左上の写真は市電開業時の大正8年（1919）頃に金沢駅前で撮影されたものである。市電の金沢駅は左上写真の右奥、人力車乗降場付近に位置していた。現在のフォーラス前のバス停あたりに位置する。この駅前の駅は終戦間際に芳斉方面への環状運転となり金沢駅は市電始発の起点では無くなった。

市電敷設を記念して敷設前後の写真が数多く残されている。一部を掲載しておく。尾山神社前(右頁上段)と橋場町(右頁下段)の2箇所の写真である。

市電の開通を記念して作られた写真集
金沢市電車開通 記念写真帖の表紙
出典：『金沢市電車開通 記念写真帖』

左上：市電前の尾山神社 / 右上：市電後の尾山神社 / 左下：市電前の橋場町　右下：市電後の橋場町 / 出典：『金沢市電車開通 記念写真帖』

大正の金沢駅

1920 大正9年 駅前の自動車営業許可

この写真は金沢駅駅舎を出た所に客を待ち構えるタクシーの姿を捉えたものである。写真は戦前・昭和初期のもので大正時代の駅前の風景とは多少異なっているが、大正時代も同じように駅前にタクシーが鉄道の乗客を待ち構えていたであろう。言論統制や戦争などの影響で大正時代の金沢駅前の写真が非常に少ないのも大正の特徴である。

出典：大都会の表玄関金沢駅前の壮観(昭和初期)

昭和9年以降

自動車が日本に入ってきたのは明治33年（1900）当時の皇太子殿下御成婚祝いにサンフランシスコ日本人会が電気自動車を献上したのがはじまりとされている。木炭車やガソリン車ではなく日本で初めて走った自動車は電気自動車であったといわれている。

石川県の自動車の普及に関しては意外にも金沢がはじまりではなく奥能登からだった。明治43年（1910）に七尾と和倉間で旅客輸送に使われたのが最初と記録にある。

「加越能郷友会雑誌」明治40年（1907）6月号には輪島の加藤勝次郎が「能州自動車会社」を創立、七尾を中心として中島-穴水-輪島のコースで営業することを出願している。

出願だけで許可は出なかったかもしれないが金沢よりも奥能登のほうが自動車熱が高かったのは間違いないようだ。

その理由としては金沢から能登に向けての交通が非常に不便であったため、いち早く自動車に着目したのではないかと思われる。現在も能登への交通網の中心は自動車である。

金沢市では、明治44年（1911）に市内の乗合自動車営業が始まり、大正2年（1913）には金沢初のバス運行を開始。自動車は主に輸入品だった。駅前には明治31年（1898）の金沢駅創立時から人力車が営業しており、その全盛期は大正6〜7年。台数は130両程度まで拡大。同時期にバス営業と乗合自動車営業を開始。そのころは人力車への影響などを考慮したためか、駅での営業許可は出なかったようである。

大正8年（1919）に金沢市電が開業すると人力車の車両は急激に減少を始め大正9年（1920）10月には80両、大正15年（1926）2月には55両となり、昭和2年（1927）11月には45両にまで減少。時代とともに人力車はその姿を消していく。

このことからも分かるように人力車営業への影響はとにかく大きかった。市電の開業後には収入が減った人力車の車夫は運賃を値上げしたが、逆に不審を招き自動車の普及が進むという皮肉な結果となった。

大正9年（1920）に人力車を横目に「金沢自動車商会」に1両に駅前での営業許可を与えられ人力車の脅威がすべて駅に揃うこととなった。右頁の写真は奇しくも市電と自動車、そして人力車が同時に捉えられている。

大正14年（1925）には人力車の車夫の取締役の塚本氏が構内タクシーの営業を出願。不許可運動などもあったようだが大正15年（1926）10月6日に「誠心会」として自動車2両による自動車営業の許可を受ける。まさにこの瞬間が金沢における人力車から自動車への時代の転換だった。

この自動車営業間での競争が激しく、料金の値下げや業者間の合同が行われた。運賃の自主統制や組合の設立などが試みられたが、競争は続いた。昭和4年（1929）に金沢自動車商会（円タク）、誠心会の間で価格についての合同交渉が決裂。円タクから半タクまで値下げとなった。この値下げ合戦を「石川百年史」著者の石林文吉氏は皮肉を込めて「自動車利用者にとってよき時代であった」と述べている。

人力車の脅威となった自動車、市電、人力車すべてが捉えられた金沢駅前の写真である。
大正8年(1919)以降の金沢駅前 出典：金沢市立玉川図書館蔵

大正の金沢駅

1920-1924 大正9年〜13年 金沢駅改修工事

明治38年頃（1905）

大正の改装前の金沢駅舎(明治38年の金沢駅) 大正の改修工事で休憩所と書かれた場所を前に出す工事で休憩所を設置。乗降場の屋根は上に持ち上げた形で改修したようである。所蔵：大友 佐俊

昭和7年頃（1932）

休憩所は駅の左右に前に突き出す工事で新築された。この休憩所が設けられている駅舎の写真は大正9〜13年以降のものである。金沢駅右側の乗降場の屋根は上部につき上がった形に改修された。出典：『金沢市写真帖 昭和8年』

大正期の金沢駅は戦争のための輸送を担い、市民の足を支える市電・浅電・バス・人力車・タクシー営業の起点となった。海外旅行も増え始め、金沢駅は海外の玄関口になるなど駅の役割が拡大した時期であった。

大正12年（1923）に発生した関東大震災の影響もあり建物の耐震性などの見直しが行われた時代でもあった。

そして大正13年（1924）は大正時代最大の金沢のイベントである「北陸地方陸軍特別大演習」が控えていた。これは天皇陛下をはじめ兵士4万人が参加する大イベントであり、その玄関口となる金沢駅の改修工事が行われるのは必然的なことであった。

『駅勢 金沢駅 昭和28年』には金沢駅舎改装の内容が細かく書かれており大正8〜13年にかけて金沢駅の改装工事が幾度となく行われたことが記されている。（右表）

残されている金沢駅舎の写真にも駅舎の改装の変化を見ることができる。多くの人数が駅で待機できるように休憩室が新築された。人力車・タクシー・バスの待合室の拡張。屋根の煙突改修などが行われたことが確認できる。

1920年	大正09年	2月28日	構内休憩所新築
1920年	大正09年	3月30日	乗降場上屋改修、出入口改修
1920年	大正09年	8月1日	駅前改修 排水溝工事
1921年	大正10年	3月30日	休憩所新築
1922年	大正11年	11月14日	屋根改修 改札口屋鉄板葺（いたぶき）
1923年	大正12年	9月1日	関東大震災
1924年	大正13年	1月〜10月	第三次拡張工事、第四次拡張工事
1924年	大正13年	6月30日	第一次大拡張工事、第二次大拡張工事
1924年	大正13年	11月2日	北陸地方陸軍特別大演習

大正9年〜大正13年に行われた金沢駅舎の工事など

大正13年頃(1924)
度重なる改修工事を終えた金沢駅。駅舎に新設された待合室・乗降場・屋根の煙突の改修が確認できる
出典：石川県立歴史博物館蔵

大正の金沢駅

1924 大正13年「北陸地方陸軍特別大演習」

金沢駅の空中写真をはじめ多くの写真が掲載されている
出典：『大正13年度 北陸地方陸軍特別大演習記念写真帖』

特別大演習には多くの記者が同行し数々の写真が残された
出典：『石川写真百年 追想の図譜』

大正13年（1924）に実施された「北陸地方陸軍特別大演習」は天皇陛下をはじめ4万人の兵士が金沢を訪れた大正期最大の金沢イベントであった。この演習の際に多くの報道カメラマンが同行し金沢駅周辺の写真が多く撮影された。特別注目すべきは初の金沢駅の空中写真はこのとき撮影されたものである。

この陸軍特別大演習は明治時代から昭和の初期まで日本各地で行われたのであるが、陸軍最初の軍事特別演習は明治23年（1890）愛知県半田市。明治天皇を統監とし政府からも大勢の軍人が参加し兵数は2万8千人に達した。西軍（侵入側）と東軍（日本軍）に分かれ実践さながらの演習が行われた。その目的は明治政府による富国強兵政策、そして明治22年（1889）には徴兵令改正なども行われたことも要因である。

軍事演習は大正13年、石川県と富山県をまたいで行われた。体調不良の大正天皇に代わり皇太子（後の昭和天皇）が参加。金沢駅ではこの特別演習に備え何度も改修工事を行い、最終的には演習に参加する4万人近くの輸送を支え、金沢市内の各地では宿泊の受け入れを行った。上の写真は当日の取材にあたった報道カメラマンの姿である。彼らが金沢駅の貴重な写真を収めたのである。

大正13年（1924）11月
軍事演習の際には金沢駅前には歓迎の門が建てられた
出典：『大正末期 - 昭和初期風俗写真』石川県立博物館蔵

大正13年（1924）陸軍特別大演習 出典:『石川百年―写真集』

出典:『大正13年度 北陸地方陸軍特別大演習記念写真帖』

大正期まで金沢への天皇陛下の訪問は明治11年（1878）の一度だけだったのこともあり軍事演習は非常に特別なものだった。大正の軍事演習には大正天皇の体調不良により皇太子(後の昭和天皇)の参加となった。市内では歓迎ムード一色でちょうちん行列も模様され金沢駅創設時のような盛大に盛り上がった。

北陸地方陸軍特別大演習の記録は大正13年（1924）11月2日から11月11日まで行われ、毎日の動きが記録されている。演習を記念して制作された『北陸地方陸軍特別大演習 記念写真帖』には金沢駅周辺の写真が掲載されている。

金沢駅前の様々なアングルからの写真が残されており、数多くのカメラマンが同行していたことがうかがえる。上記の写真は金沢駅を出てすぐの場所から撮影したものである。金沢駅の右手には内国運輸(日通)、左手には安井旅館(後の金沢ホテル)、正面には東本願寺が捉えられている。

右上の写真は内国運輸の前周辺から撮影されたものと思われる。この写真では金沢駅の手荷物取扱所や駅前の大柳の姿が捉えられている。

金沢駅前の写真が多い理由は金沢駅が金沢の玄関口として捉えられていたからだろう。

金沢駅前に建てられた歓迎の門の夜の姿。市電の明かりや街の灯りも確認できる
出典:『大正13年度 北陸地方陸軍特別大演習記念写真帖』

大正13年（1924）／出典：『摂政宮殿下北陸行啓 記念写真帳』

大正の金沢駅

1925 大正14年 粟崎遊園開園

平澤 嘉太郎（ひらさわ かたろう）
出典：内灘町歴史民俗資料館 風と砂の館蔵

昭和初期に粟崎遊園のメインビジュアルとして使われていた写真
出典：『粟崎遊園物語』

昭和元年〜昭和3年頃の金沢駅前の風景。金沢駅を出たら駅前に掲げられていた「粟崎遊園行」の看板が目に入る。100台を超える人力車と軍服を着た軍人が捉えられている。この頃はまだ駅前の照明灯が建設されていない
出典：内灘町歴史民俗資料館 風と砂の館蔵

「粟崎遊園行」と書かれた看板が金沢駅前の浅電の駅の上に掲げられていた（右上写真）。この粟崎遊園というのは内灘の海岸近くのアカシヤの林の中に設けられた遊園地である。開園は大正14年（1925）7月19日。粟崎遊園は金沢駅周辺で営業していた平沢製材所の平澤嘉太郎個人の事業であった。平澤は私財を投じ、村から6万坪（198,347㎡）の土地を借り、粟崎遊園を建設した。

粟崎遊園は百畳敷きの大広間、1000人収容の大劇場、レストラン、料亭、貸し室、休憩所、遊戯場、大浴場、植物園、野球場、相撲場、競馬場、海岸の海水浴場まで整備した。さらに大劇場には専属の「栗ヶ崎少女歌劇団」を設け、家族慰安に、学校の遠足にと非常に賑わった。

粟崎遊園のモデルは阪急電鉄、宝塚劇場などを設立した小林一三（こばやし いちぞう）と言われている。小林一三は阪急宝塚線を繁盛させるために宝塚劇場を設立。粟崎遊園も鉄道との相乗効果を狙ったビジネスモデルであった。この鉄道は令和の現在も市民の足として利用されている浅野川鉄道（浅電）である。

浅電は大正12年（1923）5月25日に鉄道の敷設の免許が下り、大正14年（1925）5月10日に七つ屋〜新須崎線の約5.3kmが開通。しかし粟崎遊園開業時は金沢駅から粟崎遊園までは直通ではなかった。開業1年後の大正15年（1926）5月18日に 金沢駅前〜七つ屋駅の0.8kmの営業を開始。金沢駅から粟崎遊園までは直通となり当時の駅前には「粟崎遊園」の大きな看板が立てられた。

昭和初期 金沢駅前の浅電金沢駅。「粟崎遊園行」の看板が大きく目に入る。右の大通りは現在の鳴和三日市線
出典：内灘町歴史民俗資料館 風と砂の館蔵

大正の金沢駅

大正の金沢駅

金沢駅前にあった国鉄金沢駅前の
材木倉庫と貯木場／出典：『粟崎遊園物語』

昭和10年（1935）の粟崎遊園本館ゲート
令和の現在も粟崎遊園本館ゲートは
内灘町の風と砂の館横に残されている／出典：『大金沢繁昌記』

昭和10年頃の浅野川電鉄 粟崎遊園前の写真。現在は浅野川
鉄道の終点は「内灘駅」となっている。
粟ヶ崎駅は昭和49年（1974）に廃止となった
出典：内灘町歴史民俗資料館 風と砂の館蔵

　粟崎遊園は昭和4年（1929）1月7日に失火。かろうじて本館を残して大劇場などほとんどが焼ける落ちる大火事となり、この大火事の3年後の昭和7年（1932）6月1日、平澤嘉太郎は死去した。次第に強まる戦時色のため遊園地は色あせ、軍に接収、兵舎や工場として使われ昭和16年（1941）に閉園。
　戦後昭和26年（1951）に元粟崎遊園を会場の一部として体育と観光の大博覧会「オリンピック観光博」が開催された。

　現在はこの粟崎遊園の本館ゲートの一部が内灘町歴史民俗資料館「風と砂の館」（内灘町宮坂に455）横に移設されている。粟崎遊園の遺構はこのゲートの一部が残されているのみである。
　平澤嘉太郎の功績をたたえ彼が晩年を過ごした「羽衣荘」跡地（内灘町字向粟崎3-100-1）に碑が建てられている。
　かつては金沢駅から粟崎遊園を繋いだ浅野川電鉄であったが令和の現在も金沢駅と内灘駅をつなぐ鉄道として利用されている。昭和期は地上にあった駅は金沢駅東広場の工事の際に金沢駅の地下に移動した。

昭和初期の金沢駅前の浅野川電鉄のりば。海水浴もここから向かった
出典：内灘町歴史民俗資料館 風と砂の館蔵

余談：大正のアウトバウンド

「欧亜国際連絡列車」北陸本線と海外の玄関口「敦賀港」

日本の旅行におけるアウトバウンドのはじまりは「欧亜国際連絡列車」である。欧亜国際連絡列車の接続開通は明治45年（1912）6月。新橋 - 敦賀間に特急列車が運用を開始しウラジオストク航路に接続したことで実現した。大正2年（1913）6月「東京発、パリ行き」の鉄道切符の取り扱いを開始。従来までは東京 - ヨーロッパ間は船でインド洋経由で50日要していたのだが鉄道と船を組み合わせることで16日程度で到着するようになった。当時は画期的な時間短縮だった。

日本からヨーロッパまでの経路は4つあった。(A)敦賀からウラジオストクを経由しシベリア鉄道でヨーロッパへ向かうルート（Bの哈爾浜経由も存在）。(C,D)下関から釜山、大連を経由し哈爾浜からヨーロッパへ向かうルートの4ルートだった。移動速度の遅い船の移動が一番時間を要したようである。敦賀港からウラジオストクまではおよそ40時間も要した。そのため陸路の移動が多いほうが到着が早く、東京からの移動の場合は鉄道の移動が多い下関〜釜山のルートが最も到着が早かった。昭和7（1932）年満州国の建国の後はウラジオストク〜哈爾浜経由(B)が盛んになり敦賀港の重要性が増した。太平洋戦争勃発後はシベリア横断鉄道は運転中止となった。現在では羽田〜パリは飛行機で15時間で到着する。15日から15時間で到着する時代となった。

「欧亜連絡3つのルート」に小西裕太が作図
出典：『日本鉄道史 大正・昭和戦前篇』

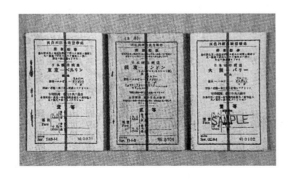

当時の切符 東京 - ベルリン、横浜 - ロンドン、大阪 - パリの文字が読み取れる

当時のウラジオストクの駅

余談：大正のインバウンド

ジャパン・ツーリスト・ビューロー

「木下 淑夫」
出典：鉄道博物館蔵

「ジャパン・ツーリスト・ビューロー本部」

「ツーリスト表紙」
昭和3年9月10日発行

　ジャパン・ツーリスト・ビューローは令和の今でも多くの人が利用しているJTBの前身である。ジャパン・ツーリスト・ビューローは英米人に日本を紹介する目的で木下 淑夫（きのした よしお）と金沢生まれの鉄道院副総裁 平井 晴二郎（ひらい せいじろう）によって明治45年3月（1912）に創設された。初期は神戸や下関などに案内所を設置した。機関誌「ツーリスト」を通じて旅行事業を展開。海外にも支部を設置し日本を紹介する多言語での宣伝も行い海外旅行の窓口となっていた。

　昭和9年（1934）「日本旅行協会」の事業を吸収し社団法人ジャパン・ツーリスト・ビューロー（日本旅行協会）と改称し国内の事業を拡大。昭和9年10月15日金沢にもジャパン・ツーリスト・ビューロー金沢駅派出鉄道案内所が設置される。

　戦後は「財団法人日本交通公社」として再出発。海外旅行業務や旅行パッケージの開発、国内旅行の促進などを行い、日本の旅行文化の発展に大きく貢献する。JTBの名前は令和の現代も多くの人に知られた名前である。

　ジャパン・ツーリスト・ビューローを創設した木下 淑夫は明治37年（1904）にアメリカのペンシルベニア大学へ留学を経て、その後ヨーロッパに留学。日本は日露戦争の最中で日本に対する欧米の無知や誤解を目の当たりにし、日本の美しさを外国人に紹介、観光を通じて外貨を獲得しようと考えた。富士山一帯を国立公園に、瀬戸内海を一大遊園にする計画を考案。日本におけるインバウンドの父と言ってもよいだろう。

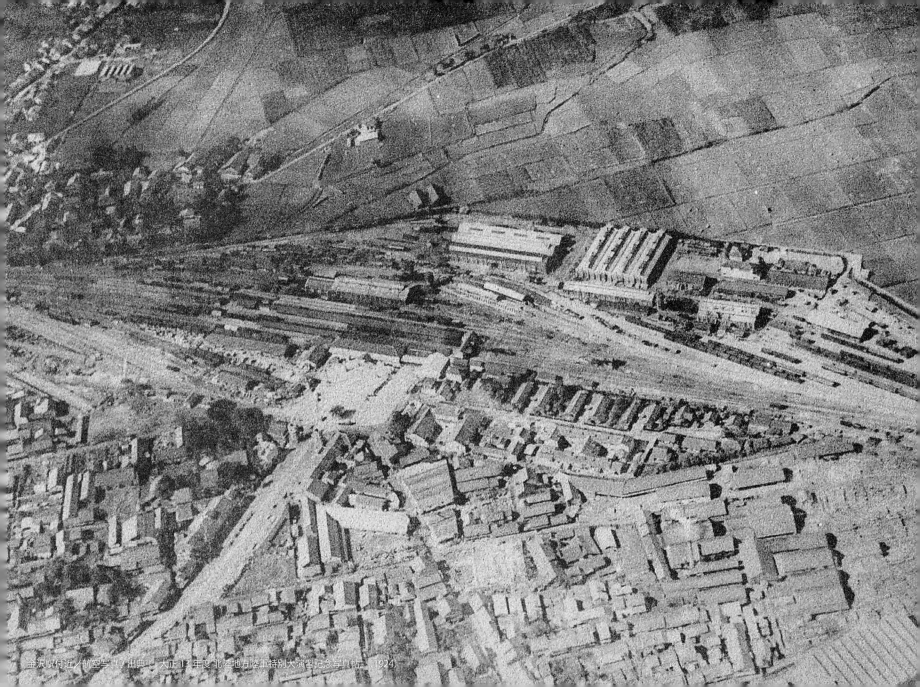

令和6年頃（2024）Google Earth

昭和の金沢駅 1926 〜 1989

昭和初期は金沢駅は様々な時代の文明を取り入れて進化する。時計の設置、駅前広場の舗装、昭和天皇の即位を記念した照明塔の設置。この照明塔は戦前・戦中の金沢駅の象徴となった。昭和初期にはモータリゼーションへの変換期であったが増加したタクシーの価格戦争が行われた。また、世界との接点も増え始め北陸本線を経て敦賀 - ウラジオストク - ヨーロッパへの世界旅行も可能な時代となった。観光も盛り上がり、駅前には「金沢市観光協会」が建設され金沢への観光客に石川県の工芸などを紹介した。太平洋戦争に突入し進駐軍が昭和 20 年代後半まで日本に駐在。昭和 30 年代からは戦後復興から開放されたかのような生き生きとした金沢駅の発展の模様が浮かび上がってくる。

昭和

| 1937 昭和12年 日中戦争 | 1941-1945 昭和16-20年 太平洋戦争 | | 1964 昭和39年 東京オリンピック | 1970 昭和45年 大阪万博 | 1987 昭和62年 国鉄分割民営化 |

← 初代金沢駅舎 ———————————————————————————— 2代目金沢駅舎 →

駅前拡張工事　　　　　　　　　　　　　　　駅前拡張工事

1952 昭和27年
北陸バスターミナル完成

1985 昭和60年
金沢駅西口開設

1943 昭和18年ごろ
駅前照明灯撤去

1935 昭和10年
金沢工場 松任へ移転

1934 昭和9年
金沢市観光協会落成

1954 昭和29年
2代目金沢駅舎竣工

1974 昭和49年
白鬚神社移転

1971 昭和46年
持明院移転・妙蓮の移植

1970 昭和45年
全国新幹線鉄道整備法公布

1945 昭和20年
市電環状化
建物疎開 終戦

1931 昭和6年 駅前広場の舗装

1930 昭和5年
電気時計設置

1929 昭和4年
駅前照明灯完成

1955 昭和30年
金沢駅大時計設置

1967 昭和42年
市電全線廃線

1964 昭和39年
北鉄バス発着ホーム竣工

1962 昭和37年
金沢駅前の金沢ビル竣工

1948 昭和23年
金沢駅開業50年記念
金沢駅前ロータリー完成

1960 昭和35年
持明院の蓮池切断

79

1926-1989 昭和の金沢駅の出来事

1925年	大正14年	7月19日	粟崎遊園開園
1926年	大正15年	5月18日	金沢駅前~七つ屋 0.8kmが営業を開始
1927年	昭和2年	9月9日	昭和3年度以降3年事業で金沢駅の改築拡張を決定(鉄道省)
1928年	昭和3年		金沢駅工場内 遷車台設置
1929年	昭和4年		★金沢駅前 照明塔完成
1930年	昭和5年	5月22日	★電気時計設置 構内全部で26ヶ所
1931年	昭和6年	12月1日	金沢電気軌道会社初のバス 金沢駅~寺井間(24km)運行開始
1931年	昭和6年	12月7日	★駅前広場の舗装
1931年	昭和6年	12月12日	金沢市の幹線大通りの「舗装完成祝賀会」
1931年	昭和6年	2月21日	市会は明年の博覧会を機に金沢駅の改築をめざして「金沢駅改築促進意見書」を各派共同で提案
1932年	昭和7年	1月28日~	上海事変
1932年	昭和7年	3月	金沢駅~白山比咩神社間バス 13.7kmを12人乗り箱型3両で運行
1932年	昭和7年	4月3日	金沢電気軌道会社の市内バスが運転を開始。バスは10台で1台12人乗り。
1932年	昭和7年	4月12日	★産業と観光の大博覧会(4月~6月)
1932年	昭和7年	8月10日	金沢旅行協会創立
1932年	昭和7年	9月15日	初の団体列車(人数484人)
1933年	昭和8年	10月	金沢市観光協会創立
1934年	昭和9年	10月15日	ジャパン・ツーリスト・ビューロー金沢駅派出鉄道案内設置
1934年	昭和9年	12月13日	★金沢市立観光会館 落成
1935年	昭和10年	8月27日	ジャパン・ツーリスト・ビューロー移転
1935年	昭和10年	10月28日	金沢工場が松任に移転(名古屋鉄道局松任工場)
1936年	昭和11年		金沢駅改築支出を可決
1937年	昭和12年	8月27日	仮貨物積卸場設置 軍用
1937年	昭和12年	9月1日	構内縦ホーム設置 軍用
1937年	昭和12年	9月2日	仮貨物積卸場設置 軍用
1937年	昭和12年	10月	金沢鉄道郵便局は富山鉄道郵便局に改称となり富山市へ移転
1937年	昭和12年	12月8日	金沢駅転車台雪覆その他仮設工事
1941年	昭和16年	3月30日	★金沢市立観光会館 廃館
1941年	昭和16年	9月1日	金属類回収令
1941年	昭和16年	12月8日	太平洋戦争開戦
1943年	昭和18年	8月12日	金属類回収令改正
1943年	昭和18年	推定	★金沢駅前照明棟撤去
1945年	昭和20年	4月	新潟鉄道郵便局金沢派出所が金沢鉄道郵便局として復活。場所は手小荷物取扱所の右隣と推定
1945年	昭和20年	5月28日	市電環状化:北陸鉄道金沢市内線の金沢駅前-六枚町-白銀町の環状線(1.3キロ)が開通
1945年	昭和20年	7月19日	福井空襲
1945年	昭和20年	7月~終戦	建物疎開:石川県防空本部は金沢ほか二市で4000戸(金沢が90%)の建物疎開を決定。居住者は10日以内に立ち退き命令
1945年	昭和20年	8月1日~2日	富山空襲

★のついた内容については詳しく解説しています

昭和7年(1932)の金沢駅前

戦前の金沢駅を象徴する写真の一枚。産業と観光の大博覧会開催前後の写真と思われる。駅舎の待合室は大正13年に改装され前に突き出ている。昭和4年 駅前照明塔。昭和5年 駅舎に電気時計が設置。昭和6年 駅前広場が舗装される。団体旅行の取り扱いも始まり戦前の忙しい日常の金沢駅の風景である

出典:『金沢市写真貼 昭和8年』

昭和の金沢駅前の風景は戦前、戦中、戦後、そして昭和20年前半、30年代後半、40年代後半の3度の駅前の拡張工事が行われ、目まぐるしく駅前の風景が変わった。戦前・戦中の特徴としては駅前に「照明塔」が存在したことである。この照明塔は大礼奉祝記念事業として昭和4年(1929)3月に完成。高さは約15m(50尺)で金沢駅前の広見を照らしたが終戦直前に金属回収令などの影響で撤去となる。

戦後は進駐軍であるR.T.Oが設置され戦後の金沢駅の運用に大きな影響をもたらす。進駐軍が退去した後の昭和29年(1954)にコンクリート造りの2代目金沢駅が営業を開始。新駅舎の建設は国鉄と地元が共同で行う新しい形態である「民衆駅」であった。民衆駅には商業施設を設けた駅ビル形態の施設「金沢ステーションデパート」がオープン。東京オリンピックを控え昭和37年(1962)に「金沢ビル」(都ホテル)がオープン。金沢駅の利用者増大で駅前の大通りは拡張工事を行い、バスターミナルは移動。タクシーや自家用車の駐車場も設置された。

昭和40年代後半の駅前の拡張工事では駅前の持明院や白鬚神社が移転し現在と同じ駅前の区画となる。駅前にあった金沢の観光名所であった蓮池は完全に駅前から姿を消した。昭和60年には貨物基地も移転し、高架や西口の開設など現在の金沢駅の基礎が出来上がる。

昭和45年(1970)全国新幹線鉄道整備法公布となり新幹線の整備が始まるのはこの頃からである。

1945年	昭和20年	8月15日	★終戦
1945年	昭和20年	11月26日	R.T.O 設置 (Railway Transportation Office) 事務開始 初代 ジョンヴァンブルース中尉
1946年	昭和21年	6月	★市は金沢駅前の疎開跡を広場として再開発
1947年	昭和22年	10月29・30日	昭和天皇御来県
1948年	昭和23年	4月1日	金沢駅開業50年記念式典（駅舎改築促進の一大運動を展開）
1948年	昭和23年	11月5日	★金沢駅前ロータリー竣工
1950年	昭和25年	4月8日	★宗教平和博覧会（北國新聞社、県宗教連盟等主催）が、兼六園前の新設スポーツ・センターを主会場に13会場で開会された。会期5月22日まで。
1950年	昭和25年	8月4日	つば甚にて駅舎改築準備委員会会合
1951年	昭和26年	1月	GHQ鉄道部長シャグノン氏金沢駅視察
1951年	昭和26年	3月30日	井村金沢市長名で加賀山国鉄総裁に「金沢駅建設請願書」提出
1951年	昭和26年	11月29日	二代目金沢駅の建設着工
1951年	昭和26年		正覚寺撤去（推定）
1952年	昭和27年	2月1日	★北陸鉄道のバス・ターミナル建屋完成
1952年	昭和27年	4月1日	補助R.T.O廃止
1953年	昭和28年	10月14日	新駅で業務が開始
1953年	昭和28年	10月18日	金沢ステーションデパートオープン
1954年	昭和29年	7月25日	★二代目金沢駅舎竣工（27日に落成式）
1955年	昭和30年	11月	金沢駅の大時計設置
1956年	昭和31年	4月25日	金沢駅前案内所新設（北陸鉄道バス案内所）
1956年	昭和31年	7月5日	金沢駅前広場拡張に伴い北鉄金沢駅移転
1958年	昭和33年	10月24日	昭和天皇御来県

1959年	昭和34年	11月～12月	北鉄長期闘争
1960年	昭和35年		道路拡張により蓮池が切り取られる
1962年	昭和37年	8月4日	★金沢駅前の金沢ビル竣工
1963年	昭和38年	3月11日	金沢都ホテルが開業
1963年	昭和38年	4月20日	【福井・金沢間電化完成】
1963年	昭和38年		金沢駅前ロータリー撤去
1964年	昭和39年	7月	金沢機関区蒸気機関車庫閉鎖 蒸気機関車が姿を消す
1964年	昭和39年	7月20日	★北鉄バス発着ホーム竣工
1964年	昭和39年	10月1日	【金沢・富山間電化完成】
1964年	昭和39年	12月	特急電車初登場
1964年	昭和39年	12月23日	杜若の能舞い姿の銅像が建てられる
1967年	昭和42年	2月10日	★北陸鉄道金沢市内線全線廃止
1968年	昭和43年	1月21日	北陸鉄道金沢市内線全面撤去完了
1968年	昭和43年	2月10日	金沢駅前バスターミナル乗降場上屋一部完成
1970年	昭和45年	5月	全国新幹線鉄道整備法制定【北陸新幹線整備確定】
1971年	昭和46年	7月	金沢駅西土地区画整理事業起工式
1971年	昭和46年		★持明院の妙蓮を移植、持明院も移転（金沢市神宮寺へ移転） 蓮池は国の天然記念物指定から解除（7月11日）
1972年	昭和47年	6月	全国新幹線鉄道整備法 基本計画決定
1972年	昭和47年	9月30日	金沢駅前バスターミナル上屋増新設工事完成
1974年	昭和49年	7月8日	内灘・粟ヶ崎海岸間が廃止
1974年	昭和49年		★白鬚神社移転 金沢駅前の社地を昭和49年12月の都市計画により現在地に移転（金沢市本町）
1977年	昭和52年	1月	「第三次全国総合開発計画」で金沢駅の高架化、北陸新幹線の開業、支線区の輸送改善、北陸本線のCTC化などの推進が定まる
1980年	昭和55年	5月30日	高架化工事着工、金沢駅貨物施設移転工事着工 事業主体は石川県
1982年	昭和57年		都ホテル増築
1983年	昭和58年	5月23日	昭和天皇御来県
1983年	昭和58年	12月	ガーデンホテル金沢開業
1985年	昭和60年	3月7日	金沢駅貨物基地移転（貨物業務を分離し高柳町へ移転）
1985年	昭和60年	7月1日	★金沢駅西口開設
1986年	昭和61年	3月	高架化本体工事に着工
1987年	昭和62年		国鉄分割民営化によりJR西日本金沢支社発足
1987年	昭和62年	4月	第1回金沢駅西広場整備懇話会開催
1987年	昭和62年	12月	金沢駅西広場工事着手（地下）
1988年	昭和63年		金沢駅通り線整備事業着工（～平成8年）
1988年	昭和63年		新都市拠点整備事業調査。駅北土地区画整理、北陸鉄道 浅野川線立体化の検討

昭和29年（1954）に完成した二代目金沢駅舎。この駅舎は金沢駅の高架化が完成する平成3年頃までおよそ37年間利用されていた。／出典：金沢くらしの博物館蔵

★のついた内容については詳しく解説しています

1929 昭和4年 金沢駅前の照明塔完成

照明塔と金沢市観光協会(右)の建屋は戦前の金沢駅前の象徴
出典：『愛蔵版ふるさと写真館』北國新聞社

昭和初期の金沢駅前には15m（10間）の高さの照明塔が建っていた。この照明塔は昭和4年（1929）3月に昭和天皇の大礼奉祝会事業として金沢市が建設したもの。明治時代に建てられた木造の金沢駅をでてすぐ左手。現在の金沢駅の鼓門の駅を背にして左側の柱のあたりに位置していたことになる。

この照明塔は昭和の天皇陛下即位を記念して行われた大礼奉祝会事業の一環として建てられたものである。大礼奉祝会事業は全国の様々な場所で行われた。

当時の照明塔は金沢駅を出て左側、駅前の金沢ホテル(旧安井旅館)と大柳の前に設置された。この照明塔と金沢ホテルの非常に狭い間を市電が通っていた。

照明塔はの撤去に関しては詳細な年は不明だが終戦間際の金属回収令が強化された昭和18年（1943）頃から終戦の間に撤去されたようである。

戦前の昭和初期の駅前のシンボルと言えば照明塔、令和の現代における駅前のシンボルと言えば鼓門となっているが、この2つの位置が時空を超えて近い場所に設置されていることになる。

駅前の照明塔が存在した期間は昭和4年（1929）〜推定昭和18年（1943）頃の期間である
昭和5年頃の金沢駅前の風景/出典：『写真と地図でみる金沢のいまむかし』

1930 昭和5年 電気時計設置

26箇所設置

出典：『金沢市写真帖 昭和8年』

日本の鉄道は15秒単位で計算されているというほど時間に厳しい。時間通りにダイヤを運行するのが鉄道マンの使命だろう。現在の駅には当たり前のように時計が設置されているが昭和5年（1930）までは金沢駅に時計は設置されていなかった。そもそも電気時計は明治・大正時代に存在はしていたものの電気の供給が安定しておらずなかなか普及しなかったことが大きな要因である。

交流電気には周波数があり、この周波数がなかなか定まらなかったためである。全国的には昭和7年（1932）頃に電気の周波数50hz/60hzが定まり電気時計が普及し始めるのであるが、金沢駅には一足先に昭和5年（1930）5月22日に電気時計が26箇所に設置された。どこよりも早く文明の力を取り入れたということになる。

電気時計が設置される前後の金沢駅舎の写真を見比べる事ができる。右上の時計が設置されていない写真は昭和5年以前のもの。時計が捉えられている写真は間違いなく昭和5年（1930）以降のものである。

電気時計未設置の駅舎（昭和5年以前）

時計が設置されていない金沢駅舎（昭和5年以前）
出典：『金沢駅 開業八十八周年記念』

電気時計設置後の駅舎（昭和5年以降）

昭和5年の金沢駅舎
出典：『金澤市要覧』昭和5年

昭和5年以降の金沢駅舎
出典：『ふるさと金沢』

時計が設置されていないことからこの写真は昭和5年以前(1930)の写真と推定される
出典:『金沢駅 開業八十八周年記念』

昭和の金沢駅

1931 昭和6年 駅前広場の舗装

昭和5年頃の金沢駅前広場。道路舗装前。
出典:『金沢市写真帖 昭和5年』

昭和7年頃の金沢駅前広場。道路舗装後。車も走行しやすい路面状態
出典:『金沢市写真帖 昭和8年』

昭和6年(1931)9月〜12月に駅前広場の舗装が行われた。令和の現在ではほとんどの道路は舗装されているが日本における本格的な道路の舗装は大正期に入ってからであり昭和初期の金沢は、まだ舗装が進んでいなかった。全国的なコンクリート舗装は関東大震災の後から本格的に用いられるようになった。この時期には世界的に道路に関する国際会議も開かれるようになり道路舗装は建設費・維持費などを総合的に見ても経済性が高いことが判明。

昭和6年(1931)には不況対策として全国各地で失業救済産業振興(失業救済道路改良)としてコンクリート舗装事業が行われた。[1]

金沢市内の最初の舗装は昭和5年(1930)10月の横安江町通りのアスファルト舗装である[2] その後、昭和6年(1931)からは内務省の手によって金沢市内の多くがコンクリート舗装を中心に行われた。

金沢駅前周辺の道路舗装は昭和6年(1931)9月〜12月[3]に行われ、同年12月12日に完成祝賀会が行われた。昭和初期の舗装は画一化した工種ではなく施工箇所で様々な工種の舗装が用いられたようである。

上記左の写真は昭和5年(1930)、右上の写真は昭和7年(1932)頃のものである。まさに上記の2枚の写真は金沢駅前の道路舗装の前後を捉えた写真である。

1 石井一郎(1979)『日本における道路技術の発達II』国連大学
2 中川三津夫著(1985)『金沢・虚像と実像』北国出版社
3 金沢駅編(1954)『金沢駅 駅勢要覧 昭和28年度版』昭和6年12月7日と書かれている

駅前周辺の道路舗装は昭和6年(1931)9月〜12月に行われた。この写真は舗装の前年の金沢駅前
昭和5年頃(1930)の金沢駅前／出典:『金沢市写真帖 昭和5年』

昭和の金沢駅

1932 昭和7年 産業と観光の大博覧会

産業と観光の大博覧会のモニュメントが金沢駅前に設置された
出典：『金沢ステーションデパート15年史』

出羽町の産業と観光の大博覧会第一会場
出典：『産業と観光の大博覧会協賛会』

「産業を観光の大博覧会」は昭和7年4月12日〜6月5日に開催された金沢における戦前の昭和の最大イベントである。このイベントの際に金沢駅前にモニュメントが建てられ金沢市全体で盛り上げ大成功を収めた。産業と観光の大博覧会は大正からの不景気打開のため全国各地で行なわれたものである。昭和5年（1930）には東京など7都市で開催、昭和6年（1931）には長岡など8都市で開催された。

金沢でも博覧会の開催を、という声が出たのは昭和2年（1927）。相当早い時期に開催の要望が出ていたのである。金沢は明治5年（1872）にも博覧会を開いた事があり金沢でも博覧会の開催をという声は多かったのだろう。

昭和2年（1927）に計画が始まり、金沢市内の商工会議所が中心となって企画され、昭和5年（1930）には金沢市勢振興調査会を設立。展示内容は農業、漁業、食品、染織、化学、製造業、機械、工芸、教育の紹介など多岐にわたり、現地での即売も行われた。

会場は出羽町の練兵場と金沢城本丸の一部で、期間は55日間。満州事変や上海事変の影響で準備はかなり困難を極めたが多くの人が動員され最終的に予定通り開催された。入場者は57万人に達し、収支は黒字を達成。

博覧会の影響で金沢駅の乗降客数は前年から倍増、宿泊施設や料理店の利用も大幅に増加。市内の主要な道路や橋の拡幅、舗装が進み、交通の便が大幅に向上、上水道の完成など様々なインフラ整備も進められた。[1]

1　石林 文吉（1972），『石川百年史』，石川県公民館連合会

産業と観光の大博覧会開催中、または博覧会前後に撮影されたと思われる金沢駅前の写真
昭和7年頃(1931)／出典:『金沢市写真帖 昭和8年』

昭和の金沢駅

1934 昭和9年 金沢市観光会館落成

金沢市観光会館の建屋
出典:「観光の金澤」パンフレットより

夜の金沢市観光会館
出典:『大金沢繁晶期』

昭和12年（1937）/出典：石川県立図書館蔵

昭和9年（1934）12月13日に金沢駅前に「金沢市観光会館」が開館。この場所は令和の現在では金沢駅東口を背にして右側の一般駐車場周辺に位置する。

金沢市観光会館は4階建てに展望台を備え1階は土産品の陳列場所と観光案内所、2階は団体観光客専用の無料休憩所、3階は一部にバルコニーを設けた観光・産業関係の陳列場となっており、4階は河北潟まで見渡せたという展望台であった。

金沢市観光会館発行の「観光の金澤」という冊子には金沢の観光名所案内や地図、名物料理などが掲載されており外観や店内写真が掲載されている。

金沢市観光会館は昭和7年（1932）に開催された産業と観光の大博覧会記念事業として建設された。[※1] また、旅行協会の設立と団体旅行客の増加、そして産業と観光の大博覧会が開催され多くの観光客が金沢を訪れたことが要因である。加えて昭和9年（1934）にはJTBの前身であるジャパン・ツーリスト・ビューロー金沢駅鉄道案内所が設置された。金沢市としても観光に力を入れたためと思われる。

金沢市観光会館は昭和16年（1941）に閉館、終戦直前に建物疎開で取り壊しとなった。なお、この観光会館というのは金沢歌劇座の前身である観光会館とは別物である。

1　金沢市役所（1937）『金沢市要覧 昭和12年』

金沢市観光協会の紹介、金沢の観光について書かれている「観光の金澤」店内の様子も捉えられている。
出典：昭和9年頃「観光の金澤」パンフレット

昭和8年頃（1933）の金沢駅前の風景

右手に見えるのが金沢市観光協会の建屋。この場所は現在の金沢駅東口を背にして右側の一般駐車場周辺となる
出典：『愛蔵版ふるさと写真館』北國新聞社

余談：金澤市写真帖

「金澤市写真帖」表紙

写真の撮影は昭和7年頃と思われる。

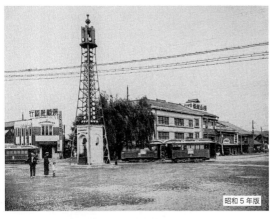

同じ駅前の写真であるが駅舎が捉えられていない。

　昔の「金沢駅」の写真として必ずと言ってよいほど利用されるのが上記の金沢駅照明塔の写真(上写真中央)である。この写真は昭和8年（1933）に金沢市が発行した『金澤市写真帖』昭和8年版に掲載されているものである。撮影者は橋本忠吾となっている。

　金沢市写真帖は大正13年版（1924）、昭和8年（1933）、昭和5年版（1930）の3種類が存在し多少写真の内容が異なっている。大正13年版には金沢駅周辺が掲載されていないが、昭和5年、8年ともに駅前照明塔の写真が掲載されており昭和8年の写真はよく利用される写真であるが、右上の昭和5年版の金沢駅前写真は駅前照明塔は捉えられているが駅舎が捉えられていないためだろうか。あまり目にすることがない。

　昭和5年と8年の駅前照明塔で一番の大きな違いは路面のコンクリート舗装の違いである。金沢駅前は昭和7年（1932）にコンクリート舗装が行われ、金沢写真帖は前後の差を垣間見ることができる貴重な比較写真である。金沢市写真帖は駅前照明塔のみならず多くの金沢市内の写真が掲載されている。右下の写真は昭和8年の片町、武蔵ヶ辻である。

出典：(右上)『金澤市写真帖 昭和5年』石川県立図書館蔵
　　　(左上、右下2枚)『金澤市写真帖 昭和8年』

余談：金沢の市街明細地図

『大日本職業別明細図』昭和8年（1933）表紙
出典：国立国会図書館デジタルコレクション

令和の現代では簡単に住宅明細地図を手にすることができるが、明治時代の地図は軍の陸地測量部が作成したような官製の地図がほとんどであった。大正6年（1917）木谷佐一（後に彰佑と改名）は40歳で「東京交通社」を創業し民間では初となる全国の明細地図「大日本職業別明細図」を制作した。地図は顧客から掲載費を徴収し地図に掲載するという方法で刊行。著者が存在の確認できた金沢の大日本職業別明細図は大正13年、昭和9年、昭和12年、昭和14年、昭和23年、昭和29年。定期的に刊行していた。

東京交通社を創業した木谷佐一は元国鉄職員であった。社名である東京交通社は前職に由来するようである。妻木谷賀の名も発行人に見られる。

木谷佐一の死後は長女 佐代子の夫である西村善汎が継ぎ、事業は継続された。

最も古い地図は大正6年（1917）に制作され昭和4年（1929）までにはおよそ700点を刊行。太平洋戦争の影響で昭和18～22年（1943～1947）までは刊行を中断したが、戦後昭和23年（1948）から「大日本職業別明細図」から「日本商工業別明細図」と改称し西村善汎が亡くなる昭和32年（1957）まで事業は継続された。その後の事業は不明である。[1]

1　河野 敬一（2007）『近代期における市街地図の刊行と利用 - 東京交通社による「職業別明細図」刊行の分析』常磐大学人間科学部（2007）『人間科学』、地図資料編纂会（1987）『昭和前期日本商工地図集成―第1期・第2期改題―』

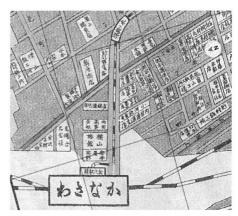

『大日本職業別明細図・金沢市』大正13年（1924）
出典：古今金澤

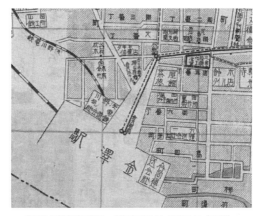

『大日本職業別明細図・金沢市 353号』昭和8年（1933）
出典：国立国会図書館デジタルコレクション

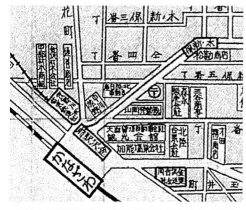

『大日本職業別明細図・金沢市 604号』昭和14年（1939）
出典：金沢市立玉川図書館蔵

余談：中村 豊 氏のイラスト 昭和15年頃の金沢駅

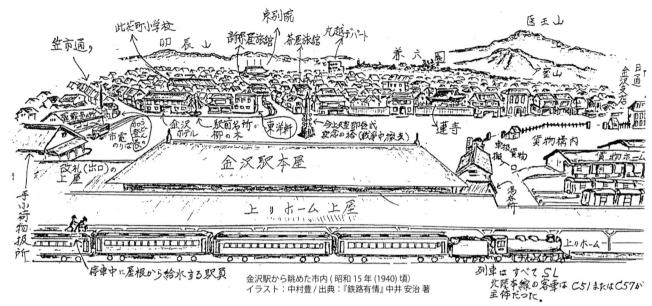

金沢駅から眺めた市内（昭和15年(1940)頃）
イラスト：中村豊 / 出典：『鉄路有情』中井 安治 著

昭和20年(1945)頃の金沢駅駅長事務室
イラスト：中村豊 / 出典：『鉄路有情』中井 安治 著

金沢駅開業百周年を記念して出版された中井安治著（1997）『鉄路有情』の裏表紙に描かれているのが金沢駅OBである中村豊氏のイラストである。昭和15年(1940)、19年(1944)、20年(1945)頃の金沢駅の様子など中村豊氏の記憶に基づいたイラストが掲載されている。イラストは多少曖昧なところがあるものの当時を知る貴重な資料となっている。

左記のイラストは駅長事務室で初代駅舎を入って左、出札所の隣の風景である。下記の初代駅舎の間取り図は駅舎のどのエリアに駅長事務室（駅長・助役室）が位置していたか把握ができる。イラストによると初代金沢駅舎の2階（屋根裏だろうか）には出札休憩室があったようである。

◀ 初代金沢駅舎の平面図。明治期の平面図と思われる。駅長・助役室は左側、ホームに面しており、この位置は昭和初期でも変わっていないようである。

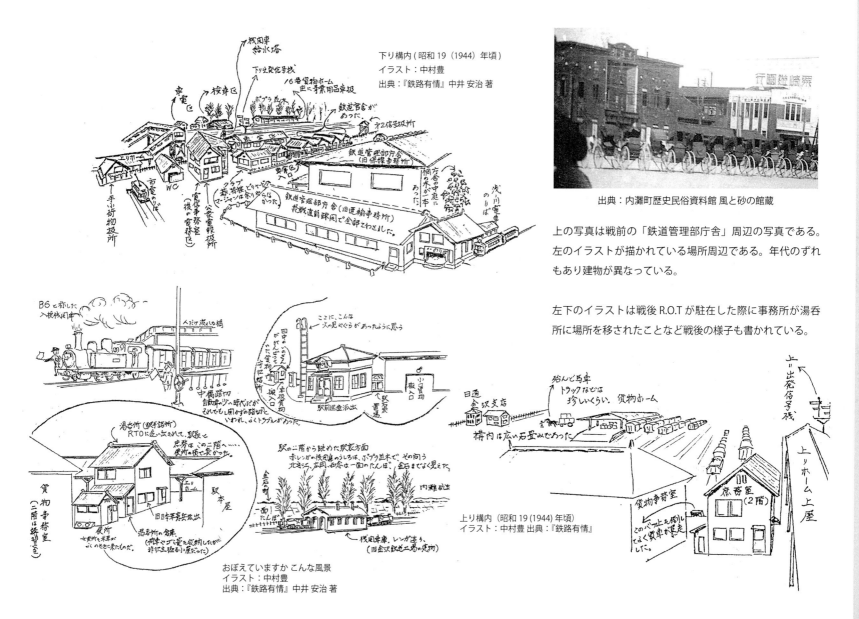

出典：内灘町歴史民俗資料館 風と砂の館蔵

上の写真は戦前の「鉄道管理部庁舎」周辺の写真である。左のイラストが描かれている場所周辺である。年代のずれもあり建物が異なっている。

左下のイラストは戦後 R.O.T が駐在した際に事務所が湯呑所に場所を移されたことなど戦後の様子も書かれている。

1942-1945 昭和18年～昭和20年 照明塔撤去

撤去間際と思われる照明塔の姿。この写真以降に照明塔の姿は見られない。
出典：「満州への芸妓慰問団」昭和17年（1942）
『愛蔵版ふるさと写真館』北國新聞社編

イラスト中に「記念の塔（戦時中撤去）」の記述がある
昭和15年頃 出典：『鉄路有情』中井 安治 著

昭和4年（1929）3月に金沢駅前に建てられた「照明塔」の撤去に関しては、資料が残されておらず明確な撤去の時期は不明である。この照明塔の撤去をめぐっては「鉄路有情」中の金沢駅OB中村豊氏による昭和15年（1940）頃の金沢駅前イラストに僅かな言及があった。右上のイラストの照明塔の横に「今上天皇即位式 記念の塔 (戦時中撤去)」の記述が残されている。この戦時中撤去の時期ついては推測するにあたり戦中に実施された金属回収令の影響だと考えられる。昭和16（1941）8月30日に金属類回収令が出され、昭和18年（1943）8月12日 金属類回収令改正。これにより、さらに厳しい金属の回収が行われた。

兼六園にあった「加越能維新勤王紀念標」もこの影響で昭和19年（1944）に回収されている。同じ兼六園内にあったにもかかわらず「明治紀念之標」は回収されず現在も残されている。全国的な回収の傾向から考えると皇族や忠臣など「国家権力を誇示するために象徴として建立した銅像」に関しては対象外になることが多かったようである。※1

今上天皇即位式 記念の塔にもかかわらず照明塔は撤去となったようだ。左上の昭和17年（1942）の写真には照明塔の最後の姿と思われる姿が捉えられている。よって本書では照明塔の撤去の時期を昭和18～20年の終戦までの間と推測した。

1 小野芳朗、本康宏史、三宅拓也 著（2018）『大名庭園の近代』思文閣

金沢駅前の照明塔の全体像

金属回収令で回収を免れた
兼六園の「明治紀念之標」

照明塔が捉えられた最後の写真。照明塔は戦中の昭和18年(1943)金属類回収令改正後に撤去されたと思われる
出典:「満州への芸姑慰問団」昭和17年(1942)『愛蔵版ふるさと写真館』北國新聞社

昭和の金沢駅

1945-1946 昭和20年～21年 建物疎開と駅前拡張工事

工事後、建物の奥に隠れていた建物（正覚寺や蓮池の一部）が駅前通りに面するようになる
出典：『愛蔵版ふるさと写真館』北國新聞社

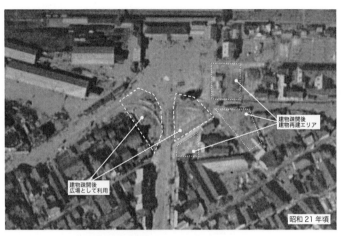

建物疎開及び駅前拡張工事のエリアが確認できる。
出典：国土地理院の昭和21年の空中写真

金沢市発行の『金沢百年』に昭和21年（1946）6月5日「市は金沢駅前と武蔵ヶ辻の疎開跡を広場にするため、近く着工する。駅前は疎開跡を全部広場に」との記述がある。ここに登場する疎開という言葉の意味は戦争末期に行われた「建物疎開」のことである。建物疎開とは空襲による重要施設の火災などを防ぐ目的で予め建物を取り壊しを行い、防火地帯を作るもの。金沢の建物疎開は終戦間際の昭和20年（1945）7月に行われ[1]石川県防空本部の建物疎開の通知からわずか10日内に強制退去しなければならない厳しいものだった。金沢では建物疎開が7月に行われたが、わずか1ヶ月後に終戦を迎えた。

戦後に建物疎開で取り壊された建物を撤去し、広場とするための駅前拡張工事が行われた。[2] この工事が金沢駅創立以来、初めての駅前の拡張工事となった。

建物疎開で撤去された駅前の建物は「金沢ホテル」「横山旅館」「中川旅館」（別館食堂タイヨウ）「金沢市観光協会」「鉄道管理部庁舎」「浅野川鉄道駅舎」（推定）「金沢鉄道郵便局舎」などである。

この拡張工事では駅前に面していなかった建物（正覚寺など）が駅前の通りに面することになり駅前の風景が激変した。この拡張工事によって駅前の風景は駅から見てハの字に建物が位置するようになった。

1　金沢商店街史編纂委員会（1974）『金沢商店街のあゆみ』

2　中川三津夫著（1985）『金沢・虚像と実像』北国出版社

建物疎開で撤去された駅前の建物

駅前の横山旅館

中川旅館
（改装後の三階建て）

中川旅館向かいの
別館食堂タイヨウ

金沢市観光協会

金沢ホテル
出典：『写真図説 金沢の500年』

鉄道管理部庁舎、浅野川鉄道駅舎
出典：内灘町歴史民俗資料館 風と砂の館蔵

1945 昭和20年 終戦

昭和20年頃（1945）終戦前の金沢駅／出典：『鉄路有情』中井 安治 著

▲ 出典：『金沢駅 駅勢要覧 昭和28年度版』
金沢市立玉川図書館蔵

駅勢には終戦間際の金沢駅の様子が克明に描かれている ▶

昭和20年（1945）8月15日太平洋戦争終戦を迎える。明治期に建てられた木造の初代金沢駅は日露戦争、太平洋戦争を経験した駅となった。多くの兵士をこの駅から送り出した。

戦中にも駅周辺では市電のルートの変更があった。昭和20年（1945）5月28日に市電は木ノ新保から六枚方面へ環状化した。終点が金沢駅前ではなくなり、駅前の停車場は姿を消した。左上の写真は環状化が終わった後の金沢駅前の風景である。

終戦後には全国的にアメリカの進駐軍が駐在。金沢駅もその進駐軍が金沢駅舎を接収した。詳細は「駅勢要覧 昭和28年」に書かれていた。

「昭和20年（1945）10月25日 Railway Transportation Office (R.T.O) が金沢に到着。金沢駅はR.T.Oによって管理される。初代はジョンヴァンブルース中尉が駐在。R.O.Tの駐在は昭和27年（1952）4月28日まで続いた。」

このR.T.Oは金沢駅の駅長室・庶務室に駐在したために鉄道員たちは駅舎に向かって左の建物である湯呑処の二階で通常の業務を行った。便所の横でとても悪臭する場所であったようである。

右ページの写真は戦後直後に米軍が金沢上空を撮影した写真である。駅前を見ると逆ハの字のように広くなっているエリアを確認することができる。このエリアは戦後直前に行われた建物疎開でできたエリアである。

昭和20年8月15日終戦前後の輸送状況

昭和20年を迎え、戦況は日増しに緊迫してきました。数ヶ月が経過し、戦局はさらに激しさを増し、この地元の鉄道員たちは法令を守り、必勝を信じて聖戦の夜を迎えました。輸送戦士として、日々の運行を続けるために献身的に努力し、命令に従いました。

当時の鉄道員は胸に自分の姓を表示するバッジを着けており、また「戦」という言葉が刺繍された胸章をつけていました。これは部隊名のイニシャルである「戦斗戦体」のイニシャルだった。また、襟章は階級を識別するために使用され、多くは当時の軍人の服装に似たものでした。さらに、全ての従業員には管理部で契約された生命保険証明書が支給されました。彼らは命をかけて務めを果たし、男性は軍隊に参加し、女性は家庭を守るために訓練し、演習に励みました。

旅客および貨物の輸送においても、国の要求に応じて電力が制限され、国民の生活に影響を及ぼしました。輸送は厳格に制限され、貨物輸送は品物に応じて優先順位がつけられました。旅客輸送も制約があり、急行旅行などが制限され、乗車券の発売も制限されました。結果として、国内の交通は大幅に制約され、国民は戦争の終焉が近づいていることを感じました。

7月になると福井が濃霧に覆われ、夏には日本全体が灰に覆われました。富山駅も同様に影響を受け、状態が大きく異なりました。当駅も福井や富山と同じ運命に見舞われるかと思われましたが、幸運にも8月15日の終戦の話が広まり、火災を避けることができました。しかし、終戦と同時に社会の状況は大きく変化し、輸送にも大きな影響を与えました。道路が開通し、駅のホームはごみだらけの便所のようになり、窓からの乗降も平然と行われるようになりました。さらに、治安の悪化により、客車内での問題が増加し、混乱が生じました。駅員たちはこれらの困難に立ち向かい、秩序を回復させるために努力しました。

そして、昭和20年10月25日には進駐軍（米軍）が金沢駅に到着し、R.T.O（Railway Transportation Office）が設置されました。このR.T.Oは昭和27年4月28日の日本国立への引き渡しまで運営されました。

駅をハの字に広がっている道路は建物疎開で撤去されたエリアである
出典：国土地理院 昭和 21 年（1946）

昭和の金沢駅

1948 昭和23年 駅前ロータリー完成

昭和23年～昭和38年設置

昭和21年（1946）　昭和27年（1952）

ロータリーの設置前後の空中写真 / 出典：国土地理院

昭和25年頃（1950）中央右に見えるのが完成して間もない駅前ロータリー
出典：『20世紀の照像 石川写真百年 追想の図譜 改編版』

　昭和23年（1948）11月5日、金沢駅前に直径25メートルのロータリーが完成した。このロータリーは運輸省金沢管理部、北陸鉄道、石川県、金沢市が共同で275万円を出し、石川県が施行したものである。このロータリーは駅前の拡張工事により広くなった駅前のど真ん中に設置された。

　金沢駅が発着だった市電は戦時中の昭和20年（1945）5月28日に木ノ新保から六枚‐白銀と環状運行するようになっていた。この環状ルートはこのロータリーの中を通り六枚方面へ抜けるように作られた。

　昭和21年（1946）の駅前拡張工事で広くなった広場には交通の秩序が必要だったためである。ロータリーの設置は、市電と人、車が安全に通行できる役割を担っていた。

　ロータリーは昭和23年（1948）～昭和38年（1963）までの15年間設置されていた。金沢駅の古写真でロータリーが映り込んでいる写真は、必ずこの年代に該当する。ロータリーの上に広告などが設置されていることもあり、さらに細かい年代の推測が可能である。

昭和 23 年頃（1948）ロータリー設置直後の金沢駅前の風景
出典：『市勢要覧 昭和 24 年版』

昭和の金沢駅

1950 昭和25年 全日本宗教平和大博覧会

出典：全日本宗教平和博覧会『全日本宗教平和博覧会誌』

金沢駅前の正覚寺が確認できる。正覚寺は昭和27年（1952）頃に撤去
出典：全日本宗教平和博覧会『全日本宗教平和博覧会誌』

1．宗教の健全なる発法・普及と、それによる世界平和への貢献
2．観光の紹介と、それによる地方産業の発展、文化の興隆
3．本会場建築物をスポーツ・センターとして恒久的に利用すること

　「全日本宗教平和大博覧会」は昭和25年（1950）4月8日〜5月22日に金沢で開催され、金沢駅にはモニュメントが建てられた（左上写真）。

　この宗教平和大博覧会は北國新聞社、県宗教連盟等が主催し、兼六園前の新設スポーツ・センター（現在は撤去）を主会場として、市内の13会場で開催された。

　本会場、宗教平和館、第一仏教館、第二仏教館、第三仏教館、神道館、キリスト館、康楽寺、子供の国と像、福引館、貿易館、美術宝物館、愛善館など内容が盛り沢山だったことがうかがえる。

　会期は昭和25年（1950）4月8日から5月22日まで。来場者数は延べ23万人にのぼった。これほどまでの人数を金沢市内で受け入れたことはないであろう大きなイベントとなった。このイベントでは金沢駅が輸送で大きな役割を果たした。

　開会式での井村金沢市長の式辞では、このイベントには以下の3つの目的があると挙げた。

　この宗教平和大博覧会が行われた時期は戦後の影響が大きく進駐軍が駐在していたため「平和」を全面的に押し出すイベントを開催する必要があった。また、戦後の混乱が続いていたが昭和25年頃には物価も治安も安定していたことも開催の要因である。

　特設の観光館の展示は興味深いものだった。観光館では、北陸三県を旅した気持ちになる大パノラマの展示があった。山中、山代、片山津、和倉、湯涌、辰ノ口、富山からは宇奈月温泉、福井からは芦原温泉を表現した「ジオラマ九景」は、素晴らしいものであったとの記録がある。※1

1　全日本宗教平和博覧会編（1950.8）『全日本宗教平和博覧会誌』

駅前のロータリーの上に宗教平和博のモニュメントが建てられた
その後ろに見える寺は建物疎開で駅前に面した正覚寺である。正覚寺の右隣は蓮池の一部と思われる
金沢で宗教平和博／出典：『愛蔵版ふるさと写真館』北國新聞社

1951 昭和 26 年 新駅舎建設開始

昭和 27 年頃（1952）建設中の金沢駅舎。骨組みが仕上がった頃の姿。
出典：北陸鉄道株式会社蔵

増改築工事の記録 / 出典：『金沢ステーションデパート 15 年史』

　昭和 26 年 11 月 29 日。コンクリート造りの二代目金沢駅の建設が開始となった。この改築の計画は太平洋戦争の影響もあり幾度となく構想は浮かんでは消えていた。

　昭和 15 年（1940）に一度決定したが戦争の拡大で中止。昭和 23 年（1948）4 月 1 日に行われた「金沢駅開業 50 年記念式典」の際に駅舎の改築促進の一大運動を展開。そして、昭和 25 年（1950）8 月 4 日に市内つば甚にて行われた「駅舎改築準備委員会」が二代目金沢駅改築につながった。この委員会では当時の井村金沢市長も参加し議論がかわされ、金沢駅は操車場・機関庫・貨物ホームを金沢駅西方面へ移転、駅を高架化する計画案があったことも改築決定の理由であった。

　昭和 26 年（1951）1 月に GHQ 鉄道部長シャグノン氏が金沢駅を視察に来た際に駅の老朽ぶりに驚き、早急工事にかかれるよう働きかけると約束。2 ヶ月後の 3 月 30 日に井村金沢市長名で加賀山国鉄総裁に「金沢駅建設請願書」を提出。昭和 26 年 11 月 29 日に二代目金沢駅舎の建設が開始となった。当時は新しいスタイルであったデパートを兼ねた駅である「民衆駅」という形で昭和 29 年（1954）7 月 25 日に竣工。

工事中が始まったころの金沢駅前。駅舎はまだ取り壊されていないようである。/ 出典：『シリーズ 都会の記録 68 1952〜1957』

昭和27年頃（1952）の建設中の二代目金沢駅
出典：北陸鉄道株式会社蔵

昭和の金沢駅

1952 昭和27年 金沢駅前バスターミナル完成

昭和28年（1953）「金沢駅前のバスターミナル」
出典：『北陸鉄道の歩み』北陸鉄道

昭和29年頃の金沢駅前と思われる。新築の2代目駅舎のビルから撮影された写真
出典：金沢くらしの博物館蔵

昭和27年（1952）金沢駅前に大きなバスターミナルが完成した。この大きなバスターミナルは待合などで利用されていたと思われる。バスターミナルの存在を確認できるのは昭和27年（1952）から昭和30年（1955）くらいまでのわずか2～3年。バスターミナルが映り込んでいる写真は昭和27～30年のわずかの期間の写真である。

バスターミナル撤去に関する記述は『北陸鉄道の歩み』※1 などにも見つけることができず、進駐軍による影響であるか、駅前の整理に伴うものであるかなど推測は可能であるが撤去の明確な理由は不明である。

バスターミナルが完成前まで、この場所の一部は正覚寺であった。昭和27年（1952）までにこの正覚寺は撤去されこのバスターミナルが建設された。また、バスターミナルの裏には金沢駅前の名物であった持明院の蓮池が顔をのぞかせている。

完成前のバスターミナルだろうか。まだ屋根の色が白く未完成のように見える。金沢市勢要覧 昭和27年版に掲載されている写真のため撮影は昭和27年前と推測ができる。
出典：『金沢市勢要覧』

昭和30年頃にはバスターミナルが撤去されている。
撮影：薗部澄

1　北陸鉄道（1974）『北陸鉄道の歩み』

バスターミナル（北鉄バスのりば）は昭和27年〜昭和30年までの短い間存在した
昭和29年頃の金沢駅前／出典：金沢くらしの博物館蔵

昭和の金沢駅

余談：1952 昭和 27 年頃の金沢駅周辺写真

昭和 27 年（1952）頃に撮影されたと思われる金沢駅前周辺の写真が金沢くらしの博物館に所蔵されている。この写真は金沢駅前の貨物ヤードからバスターミナル、金沢駅を出て左側の浅電駅周辺までのスナップショットが収められている。当時は二代目金沢駅舎に改築中でその改築の作業員の姿、駅前を歩く人、貨物ヤードで働く馬車など当時の人の息遣いまでが伝わってくる写真となっている。

おそらく解体中の初代金沢駅車から撮影したものと思われる。足場から撮影したのか建物の屋根裏から撮影したものかは不明。建設作業員の姿も確認ができる。また、バスターミナルの内部の様子も少しうかがえる

金沢くらしの博物館蔵

初代金沢駅舎にはフェンスが張られ解体が始まっていることが確認できる。撮影場所は金沢名産館の前。大きな荷物を持った人が駅に向かって歩いている。これから鉄道で移動するのだろう。

この建物の奥は手小荷物取扱所として利用されているが手前はベンチが設けられバス待合所として利用されていた。

余談：1952 昭和 27 年頃の金沢駅周辺写真

中央に見える建物は後の「金沢名産館」である。まだ看板が掲げられていない。金沢名産館は金沢の名産を販売する店だった。昭和 27 〜 28 年くらいに開業。昭和 37 年くらいまでこの場所で営業していた。

右の奥に見えるのが北鉄バスのりばである。中央には駅前ロータリーの姿を見ることができる。駅前はかなり自由に歩き回ることができたように見える

金沢くらしの博物館蔵

貨物の建屋から芳斉方面に向かって撮影したものと思われる。この頃はまだ運搬に馬車が利用されていた。貨物ヤードの奥にはクレーンの姿も確認ができる。

貨物ヤードから初代駅舎方面に向かって撮影した写真と思われる。左奥の建物は「湯呑所」（駅手詰所）・旧日本軍憲兵派出の建屋と思われる。R.T.Oに追い出され駅長と庶務はこの2階で業務を行っていた。

1953 昭和28年 金沢ステーションデパート営業開始

ステーションデパートオープン時の宣伝

昭和28年（1953）10月17日。二代目駅舎の完成前に一足先に金沢ステーションデパートが営業を開始した。二代目駅舎の建設は国鉄と地元が共同で行う新しい駅の形態「民衆駅」のスタイルでの建設が計画され、駅ビル地下には商業施設である「金沢ステーションデパート」が設けられた。金沢ステーションデパート昭和28年（1953）10月14日に仮営業を開始。3日後の10月17日には、工事中の新駅舎の待合室で開会式が行われ、石川県の土井副知事や井村金沢市長、金沢ステーションビルの関係者などが式典に参加。翌日10月18日に金沢ステーションデパートグランドオープンとなり44店舗が一斉に市民を迎えた。オープン時には現在でも金沢ではおなじみのお店「麺類お多福」「大食堂大和」「中田天狗」などの名前が確認できる。昭和40年（1965）のリニューアル時には、令和の現在も金沢駅で営業している「おでん黒百合」の名前を確認ができる。

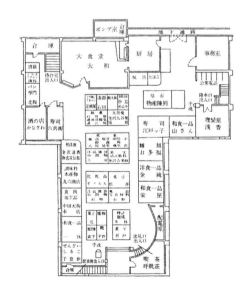
オープン時のテナントと平面図

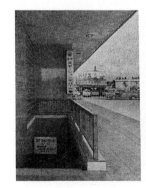 
金沢ステーションデパートの様子 / 出典：『金沢ステーションデパート15年史』

二代目金沢駅竣工時には駅のシンボルの大時計は設置されていなかった
昭和29年頃（1954）/ 出典：金沢くらしの博物館蔵

昭和の金沢駅

1954 昭和29年 二代目金沢駅舎竣工

二代目金沢駅舎は地上4階、地下1階の鉄筋コンクリート。平成2年（1990）まで利用された
出典：『金沢市勢要覧 昭和30年』

新金沢駅舎に到着し家族の出迎えを受ける
帰国者 昭和29年9月30日（1954）
出典：『石川の戦後50年』北國新聞社編

駅前商店街の友誠会が盆踊り大会を開催。駅前
広場に大ヤグラを組み紅白の提灯
出典：『金沢ステーションデパート15年史』

落成時に掲げられた「帰国の皆様 永い間お待ちしていました」のメッセージ
駅舎に向かって右には盆踊りの大ヤグラが設置されている。
出典：『金沢ステーションデパート15年史』

昭和30年（1955）11月に設置された金沢駅の大時計設置。新駅舎に向かって左側上に設置される。新金沢駅舎竣工時には時計は設置されていなかった。設置は竣工の1年後。

二代目金沢駅舎は昭和29年（1954）7月25日に竣工。駅舎は地上4階、地下1階、延べ11,140㎡（3,370坪）、鉄筋コンクリート建、薄ねずみ色、小型タイルを張り詰めた外観で出入り口はリベットガラスをふんだんに使った明るい近代的な様式であった。

竣工式は昭和29年7月27日午前10時から西町市公会堂で行われた。柴野知事、井村市長、清水建設など300名が集まり行われた。祝賀会では金沢市内四廓の芸妓たちが百万石音頭、長唄「宝来」などを披露。粟津温泉の有志の太鼓打ち、万歳三唱して門出を祝った。

金沢ステーションデパートは北陸飛行の飛行機をチャーターし上空から花輪と「金沢駅改築落成記念協賛大売り出し」のビラ15万枚を撒いた。駅前商店街の友誠会は駅前で盆踊り大会を開催。駅前広場に大ヤグラを組み紅白の提灯を飾り浴衣姿の市民が手拍手あでやかに踊り、3万人近い涼み客や旅客で見物人で賑わった。

改札口には高さ4メートルもある能登飯田の名物のキリコが飾られ人目をひいた。この二代目金沢駅の竣工の際に金沢駅に郵太郎が設置された。この郵太郎は今も金沢駅のシンボルとして設置されている。

翌年昭和30年には金沢駅のシンボルでもあった大時計が設置された。戦後の金沢のスタートともいえる壮大な竣工式であった。

コンクリート造りの4階建ての二代目金沢駅舎。駅舎左上の大時計は昭和30年11月に設置された
昭和30年頃（1955）／出典：金沢くらしの博物館蔵

昭和の金沢駅

1960 昭和35年 持明院の蓮池切断

昭和35年頃（1960）の白鬚持明院周辺の明細図

大正15年頃（1926）の持明院の蓮池

昭和40年代まで金沢駅前に持明院と蓮池が存在した。この蓮池は大正時代に天然記念物に認定されていたこともあり金沢を代表する観光地の一つであった。昭和30年代までの金沢の観光ガイドに持明院の蓮池は必ず掲載されているほど有名な観光地であった。しかし、この蓮池は金沢駅前の度重なる開発で最終的に駅前から移転を余儀なくされた。

この蓮池は昭和35年（1960）頃の駅前の道路拡張に伴い半分に切り取られることになり、切り取られた断面は駅前の大通りに面することになった。その影響は大きく蓮池の横にはバスターミナルも位置しており大気汚染の影響を大きく受けた。右頁の写真は持明院の蓮池が切り取られた直後と思われる写真である。この写真では切り取られた蓮池の断面が道路に面していることが確認できる。

左上の図は蓮池切断直前の昭和34年（1959）と蓮池切断後の昭和36年（1961）年の明細図を参考に蓮池や持明院の場所を現代の地図に重ね合わせたものだ。これによると現代におけるハス池の場所はANAクラウンプラザと北陸銀行の間の大通りに周辺ということが確認できる。

昭和35年頃（1960）の切り取られた後の持明院の蓮池
左隅に見えるフェンスは兼六パチンコの建物
出典：金沢くらしの博物館蔵

1962 昭和37年頃 駅前拡張工事

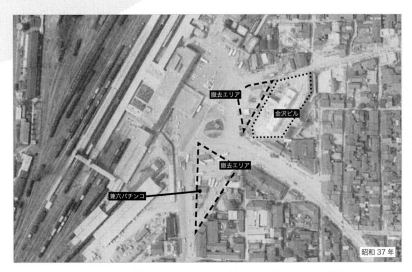

この時期の駅前拡張工事により駅前の広さは現代の広さに近い広さにまで拡張した
出典：国土地理院撮影の空中写真（昭和37年 1962）

昭和35年の写真。撤去エリアの少し奥には金沢ビル・都ホテルが新築される
撤去エリアの最も手前の店舗が並んでいる場所は現在のバスターミナルの位置である
出典：『昭和モダンの金沢・加賀・能登 永久保存版いしかわの映像遺産』

　金沢駅前は二度の拡張工事が行われている。最初の拡張工事は戦後直後の昭和20年（1945）に建物疎開の跡地を利用して駅前を拡張。二度目の拡張工事がこの昭和37年ごろの拡張工事である。この拡張工事は金沢駅を背にした左右のエリアが拡張した。現在は更地となているが金沢ビル・都ホテルとその前のバスターミナル周辺、そしてホテル日航とANAクラウンプラザホテルの間の大通り周辺がこの時に駅前の大通りとして拡張した場所である。

　この工事は同時期に行われる金沢ビル・都ホテルの新築に合わせて周辺の拡張工事が行われた。また、その反対側にあたる、現在のホテル日航とANAクラウンプラザホテル周辺は昭和20年代半ばからバスターミナルのエリアとなっていたが、モータリゼーションの影響でバスが増大、2年後に控える東京オリンピックの盛り上がりなどで道路の拡張や新バスターミナルの設置を念頭に道路の拡張工事が行われたものと思われる。まさに高度経済成長に合わせた金沢駅前の拡張工事である。

　この時に拡張した駅前の広さがおおよそ現代の金沢駅の広さに近い広さとなっている。戦後直後に行われた最初の駅前の拡張工事は建物疎開のエリアをやむを得ず拡張工事したため駅前は駅から見てハの字に拡張し建物の並びの景観も良いものとはいえなかった。この時代の拡張工事で駅前が少しずつ現代の駅前風景に近づいた。

拡張工事が始まる直前の金沢駅前の風景。駅前には東芝テレビの大きなネオンが建っていた
昭和35年頃（1960）金沢駅周辺の空中写真／出典：金沢くらしの博物館蔵

昭和の金沢駅

1962 昭和37年 金沢ビル完成

金沢ビル株式会社 西田儀一郎

開業後の金沢ビルのイラスト / 出典：『石川県産業功労碑集』

昭和40年ころの金沢都ホテル / 出典：金沢都ホテルパンフレット

西田儀一郎

二代目金沢駅竣工の8年後となる昭和37年（1962）。金沢駅前に完成したのは地上7階、地下3階の金沢ビル。ホテル、大ホール、会議室、貸事務所、店舗街、銀行、食堂、市場、ブランドショップ、映画館などが入居した。昭和・平成と金沢駅周辺の発展を支える中心的役割を担った。

この金沢ビル周辺の土地は西田商事などの所有であったこともあり西田儀一郎氏が金沢ビル株式会社の社長に就任した。

西田儀一郎氏は明治28年（1895）生まれ、明治44年（1911）に県立金沢商業を卒業後、家業の運送倉庫である西田商事KKで働く。この金沢ビル株式会社をはじめ、金沢京都ホテル、加賀製紙の取締役会長、辻商事各取締役、北陸鉄道取締役、金沢地方裁判所調停委員など多くの重要な職を歴任した。

右表には昭和50年（1975）時点の金沢ビルのテナントの一覧である。今でも金沢では馴染のある店舗の名前も確認することができる。また、白雲楼ホテル案内所など近隣の建物から本ビルへの入居も見られる。

金沢ビルは北陸新幹線開業2年後の平成29年（2017）11月に解体となったが、その後の跡地利用が進まず令和7年時点でまだ更地のままとなっている。

5-7 階	金沢ビル興業
4 階	石川県繊維雑品工業、金沢ビル診療所、金沢ビル歯科診療所、武田薬品工業（株）、中部日本開発、協同広告KK金沢支店、日本石油（株）金沢支店、日立メディコ、臨海土木（株）、日本電気（株）金沢（支）、ユニチガード（株）金沢（出）、ユニチカ（株）北陸（出）、サッポロビール（株）、石川県旅館組合、神鋼商事、（株）神戸製鋼所金沢（出）
3 階	大阪証券代行、北日本放送（株）金沢支社、KNB興産金沢支店、西田商事、村田機械、明治乳業、読売新聞金沢支局、丸紅（株）、日産自動車、積水化学工業（株）金沢（営）、鐘紡（株）金沢（事）、シェル石池、高島屋、東洋建設、インペリアル・ケミカル・インダストリーズ（ジャパンリミテッド）、東芝タンガロイ（株）
2 階	日本交通事業社、（株）日本交通事業社金沢支店、日興証券（株）金沢支店、（株）日立製作所金沢販売所、日本道路公団、丸善石油（株）北陸（営）、金沢ビル興業不動産事業部、日本海不動産
1 階	一の谷鞄店、上坂審商店、浦田甘陽堂、金沢ビル薬品、金沢トイスランド、鏑木商舗、加賀、北日本観光ガイドセンター、近畿日本ツーリスト、木restaurant時計店、沢、小出、コジマカメラ店、坂尾甘露堂、高砂屋、近岡屋、ナカニシ書店、中島めんや、日通観光サービス、北国銀行、ポッポ、白雲楼ホテル案内所、不二家、ワコールショップ、松本日光舎、日乃出屋、村上洋品店、兼八、雪印パーラ、和幸堂、ペア、中島万年堂、やまぎし、サロンドミヤコ、北国銀行駅前支店
地下 1 階	あそうせん本舗、石田甘栗店、ウインザー、駅まん、お多福、金箱鳳凰、金竜、菊姫茶屋、黒田竜華堂、久保器具店、小金ずし、佐々木商店、マルサン総合食品、すし捨、寿々かけ、だいしょく、天狗中田、ティーランド、鳥一、キーコーナー、ニューニシカワ、のと路、浜松、白山茶屋、金沢ビルサロン、まる福、丸西、餅富、ユキ、楽天、中宮一光堂、赤玉、なかきん、ラーメンの店 金沢ステーションデパート、金沢駅地下ビル（株）
地下 2 階	雲、初ふね茶屋、泉屋パーラ、駅前文化劇場、忍、銀嶺、さいかわ、トキ食歯、ビル美容院ますみ、プランタン、マルヨ大畑、ますのすし源、森、理髪浅香、ロキシー劇場、日本海フローリスト
地下 3 階	ニューヒルトン、ヒルトン（事）、名店街（事）、電気室、金沢ビル興業
地下道	兼六会館、千鳥、山崎フルーツ店、善助、ヒルトン、長沖鞄店、岡田屋コーヒー店、越山甘清堂、森永、ホームラン軒、ヨール、御朱印、加賀むすび

金沢ビルが完成した頃の金沢駅前の風景。この写真は金沢駅前にあった喫茶ヒロバの2階周辺から撮影されたものと思われる
昭和37年頃（1962）／出典：金沢くらしの博物館蔵

1964 昭和39年 バス発着ホーム完成

オリンピックを控える昭和39年の金沢駅東口のバスターミナル
バスターミナルの屋根はまだ設置されていない／出典：北陸鉄道株式会社

　昭和39年（1964）に金沢ビル前にバスターミナル（発着ホーム）が完成した。このバスターミナル完成の2年前の昭和37年（1962）に駅前の拡張工事が行われており、その際に従来のバスターミナル（北陸銀行とANAクラウンプラザホテルの間の大通り周辺）が撤去となり、この新しいバスターミナルに移動という形となった。

　この時期はまさに高度経済成長真っ盛りの日本だった。バスの数は増え、駅前の金沢ステーションビル、金沢ビルなどでの買い物のために多くの人が金沢駅を訪れるようになった。

　このバスターミナルの位置であるが、昭和39年に完成した位置から少し駅側に近づくが、バスターミナルのの位置は令和の現在も変わっていない。

1967 昭和42年 市電全線廃止

サヨナラ市電。夜の街をゆく最後の花電車
出典：『石川の戦後50年』北國新聞社編

　大正8年（1919）に開業した金沢市電だが、昭和42年（1967）までに全線が廃線となった。上記の写真は廃線を惜しみ車両全体を電飾した5台の花電車が市内を走った際の写真である。

　廃線の理由は自動車の増加により市内が混雑してきたこと、市電よりもバス事業収益が上回ったことも要因ではあったが、廃線を決定づけたのは昭和40年（1965）6月24日に起こった「兼六坂暴走事故」である。

　兼六園下から小立野方面への急な勾配、尻垂坂で電車のブレーキ故障が原因で下り坂を暴走し脱線、転覆。残念なことにこの事故で中学3年生の男子1名が死亡した。これらの要因から市電は廃止。市電の廃止後は市電からバスへの転換が行われる。昭和39年（1964）にバスターミナルが完成し、バス輸送への転換が容易になったことも廃線を決定づけた一因だろう。

昭和39年(1964)の駅前には「東芝」「アリナミン」「日榮」「キリンビール」などの看板・ネオンが立ち並んでいた
出典:北陸鉄道株式会社

昭和の金沢駅

1971-1974 昭和46～49年 持明院・白鬚神社移転

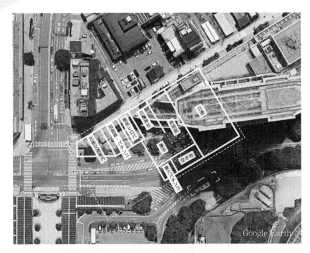

昭和34年（1959）
現在のポルテ金沢（ホテル日航）とその前の大通りの上に
持明院と蓮池、白鬚神社が建っていた
バスターミナルと兼六パチンコの横から蓮池が望めた。

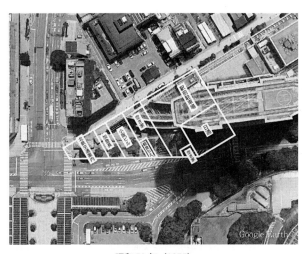

昭和50年（1975）
持明院・蓮池、白鬚神社はすべて移転してしまい
跡地は駅前駐車場となった

　現代の金沢駅前には神社や寺など一切見当たらないが、ポルテ金沢（ホテル日航）と駅の間の大通りの上には持明院と蓮池、白鬚神社が建っていた。それを裏付けるのが上の図である。昭和34年（1959）にはこれらがポルテ金沢の敷地内に建っていたことが確認できる。

　この持明院と蓮池、白鬚神社の移転となったのは昭和45年（1970）に交付となった「全国新幹線鉄道整備法」の影響が大きい。この法律の交付によって北陸新幹線の整備が始まったのである。新幹線開業に向けた駅の再開発に備え、先立って持明院・白鬚神社は移転となった。

　昭和46年（1971）に持明院は神宮寺へ移転(金沢市3-12-15)。白鬚神社は昭和49年（1974）に近隣に移転(金沢市本町1-18-8)。跡地は駐車場として利用され、後にポルテ金沢となるのである。

昭和47年（1972）頃。持明院・蓮池が移転し、更地となった跡地の様子。
左手前に蓮池、右手前に持明院が建っていた。
中奥奥に移転を控える白鬚神社が残されている。駅前の通り側からの撮影写真。
撮影者：藤村進

1982 昭和57年頃 金沢ビル増築・ガーデンホテル金沢

昭和50年8月18日の金沢駅前の写真。金沢ビルの右側にはまだ家屋が建っていた

昭和57年以降の金沢ビル。一部が増設されビルが拡張した
出典：『ふるさと金沢』

　金沢駅ビル・都ホテルはオープンの昭和37年（1962）の際には金沢ビルに隣接した家屋の一部を残したままオープンした。左上写真と右上の写真を比較すると分かるだろう。左上の昭和50年（1975）の写真の金沢ビルにはビルの右側が無いことが確認できる。この部分の地上部分は数軒の家屋が残されたままとなっており、多くの店舗として昭和37年（1962）～昭和56年（1981）の19年間、営業を続けていた。

　昭和57年（1982）頃に行われた金沢ビル増築に伴いこの家屋は撤去となり、そのエリアを利用して金沢ビルは増築した。
　平成29年（2017）に金沢ビルが取り壊しとなり、令和7年（2025）時点でこの場所は更地のままとなっている。この更地を上から見ると金沢ビルの増築部分がはっきりと確認ができる。（右頁の写真）金沢駅前の交差点から右下に斜めに入っている線が増築部分の痕跡である。
　また、昭和58年（1983）12月に駅前のガーデンホテルもオープンする。このガーデンホテルは現在も営業している。

昭和の金沢駅

駅前の交差点から右下にかけて斜めに入っている線が金沢ビルの増築部分の線に当たる
撮影：小西 裕太 2025年2月17日

1985 昭和60年 金沢駅西開設

昭和63年（1988）の金沢駅西口。
プレハブの西口だったが駅の東西が通じたことで西口周辺の利便性がとても向上した

令和5年（2023）の金沢駅西口。「駅裏」と呼ばれ暗いイメージだったことが想像できない
高架下にJR関連会社が営業しているが、この案は高架化の際に浮上した

　左上写真のプレハブの金沢駅西口の姿に驚かれるかもしれない。近代的な現在の金沢駅西口からは到底想像することができない。

　金沢駅西口は昭和後半まで存在しない出口であった。金沢駅には東口しか存在しなかったのである。そのために金沢駅の西口方面へ行く際は東口を出て細い路地に周り、西方面まで足を運ばないと行くことができない場所であった。そのため金沢駅の西方面は「駅裏」（えきうら）の名称で呼ばれていた。

　令和の現在は西口方面にはセントリック金沢、近代的なガラス張りのパークビル、北國銀行本店、JR金沢支社のビルが軒を連ねている。また、NHK金沢放送局（平成30年2018に移転）、日銀金沢支店（令和5年2023に移転）も西口方面の広岡に移転した。新しい金沢を象徴するのが西口の発展である。

　この金沢駅西口は昭和45年（1970）の全国新幹線鉄道基本整備法の制定で新幹線整備を見据えて北陸本線の高架化工事の開始頃から注目されはじめた。

　高架化に合わせ駅西の開発を進める事業「金沢駅西土地区画整理事業」が立ち上がる。注目すべきは高架化の際に駅の業務を高架下に移転する案が浮上したことである。この案を具現化するために「金沢駅西広場整備懇話会」が設置され、駅の関連業務の会社などが高架下に移転することなどが話し合われた。[※1] 実際に今も多くの関連企業が高架下で営業をしている。

　白江建築研究所 白江龍三氏へインタビューの中で金沢駅・鉄道を基軸とし金沢駅西方面は「新しい金沢のエリア」、金沢駅東口方面は「歴史的な金沢のエリア」として位置づけ東口広場を新しい金沢の結界と位置付けてデザインしたと述べている。金沢駅西口は「駅裏」から「新しい金沢のエリア」に生まれ変わったのである。

1　金沢市編 (2005.3)『金沢駅北土地区画整理事業 金沢駅東広場』

写真中央に建つのは金沢駅西口の入口。線路は高架が進んでいることが伺える。
出典:『北陸線写真帖―機関車 駅舎 鉄道マン』北國新聞社

昭和の金沢駅

余談：1969 昭和 44 年 金沢駅西口の風景

出典：『金沢市勢要覧』1969 年

昭和 44 年（1969）の金沢駅西口の風景である。左下に見えるビルが金沢駅駅舎である。この頃は金沢駅西口はおろか、通称 50M 道路（けやき通り）もまだ建設されておらず、後のセントリックハイアットとなる場所に転車台が設置されている。蒸気機関車は昭和 50 年（1975）まで現役であった。西方面にあった国鉄の宿舎の姿がすこし確認できる。水田と家屋しか確認できない金沢駅の西方面であった。

余談：1977 昭和 52 年 金沢駅西口の風景

出典：『金沢市勢要覧』1977 年

　昭和 52 年（1977）の金沢駅西方面には建設中の 50m 道路（けやき通り）の姿を見ることができる。50m 道路は中央市場あたりの駅西本町 3 丁目の交差点付近まで建設されていることが確認ができる。50m 道路の先右手に見えるのは NTT のビル。令和の現在も同じビルが建っている。そのビルの先に見えるのは北陸自動車道である。北陸自動車道は昭和 47 年（1972）に金沢西インターチェンジが開通。

　写真手前の金沢駅前に目をやると広岡の 50m 道路の起点にはまだ建設が始まる前の更地のパークビル建設地が確認できる。その右隣りにあるのは国鉄のバスの車庫である。バス車庫となりには国鉄の宿舎が立ち並んでいる。この頃に国鉄宿舎はビルに建て替わったようである。令和の現在はこの西口周辺には JR 西日本金沢支社、日本銀行金沢支店や NHK 金沢放送局、北國銀行本店、そして石川県庁もこの 50m 道路沿いに建設され新しい金沢を象徴する場所となっている。

余談：初代金沢駅の平面図

明治31年（1898）

昭和23年頃（1948）

明治31年〜 金沢駅平面図

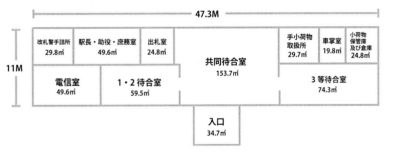

昭和20年〜 R.T.O設置に伴い改装した金沢駅平面図

　明治31年（1898）金沢駅創設時の金沢駅の平面図が上左の図である。横幅は26間（およそ47m）入口から広々とした共同待合室が設けられ、左右には等級に分けられた待合室、左奥には切符などを販売する出札室が位置していた。出札室前には手小荷物取扱所が位置していた。この手小荷物取扱所は明治44年（1911）3月に金沢駅構内に瓦葺き2階建ての建物を新築し移転した。戦後にR.T.Oが設置され、駅長・庶務室は駅向かって左に建っていた湯呑処の2階へ移動となった。湯呑処はトイレの隣で相当異臭がしたようである。また、平面図右下の「外待合室」と書かれている場所は大正後期の改装時に増築された部分である。

余談：二代目金沢駅の平面図

昭和 30 年頃（1955）の二代目金沢駅 / 出典：金沢くらしの博物館蔵

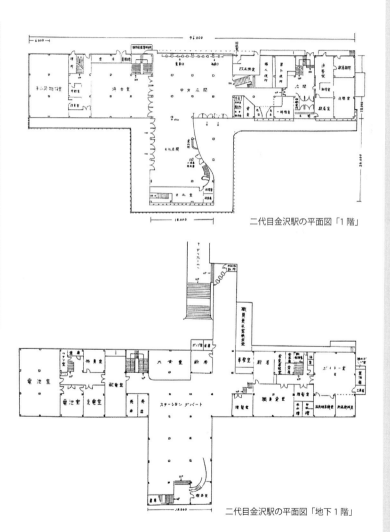

二代目金沢駅の平面図「1 階」

二代目金沢駅の平面図「地下 1 階」

　昭和 29 年（1954）に竣工した二代目金沢駅舎は地上 4 階、地下 1 階の鉄筋コンクリート建て。地下には金沢ステーションデパートがオープンし、当時は駅とデパートが混在した駅を「民衆駅」と呼んだ。地下の金沢ステーションデパートには「地下改札口」が設けられ駅とデパートが直結した。駅舎地上階の正面入口から入ると切符を発行する出札室（みどりの窓口）があった。その先に改札につながる中央広間が広がっており、中央広間には現在も駅に存在する「郵太郎」が設置された。郵太郎は二代目駅舎とともに金沢駅に設置。入口からみて左手奥には手小荷物取扱所、左手前に待合室（カラーテレビ・コーヒースタンド・電話・立ち食いそば・売店などがあった）。入口からみて右手には駅長室や駅員詰所など駅の業務に関わる施設が位置していた。地下には理髪室、職員食堂などが存在した。

余談：二代目金沢駅の構内（昭和45年代〜）

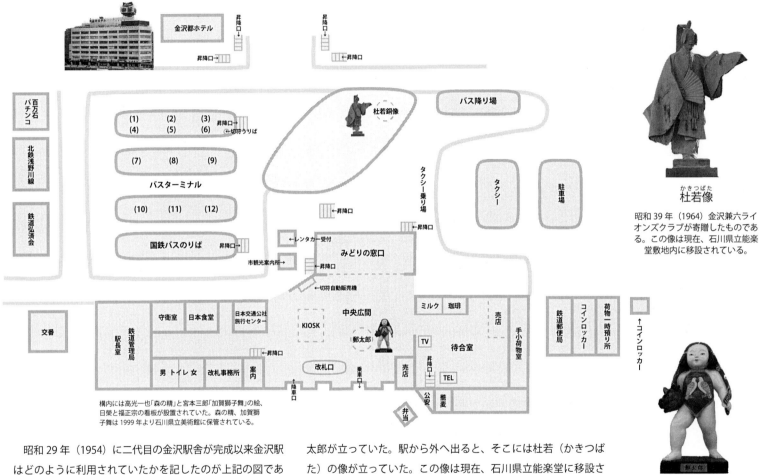

構内には高光一也「森の精」と宮本三郎「加賀獅子舞」の絵、日榮と福正宗の看板が設置されていた。森の精、加賀獅子舞は1999年より石川県立美術館に保管されている。

杜若像（かきつばた）

昭和39年（1964）金沢兼六ライオンズクラブが寄贈したものである。この像は現在、石川県立能楽堂敷地内に移設されている。

郵太郎

金沢駅の改札を出たすぐのところに郵太郎が設置されていた。昭和29年（1954）の二代目金沢駅竣工の際に設置されたものである。

昭和29年（1954）に二代目の金沢駅舎が完成以来金沢駅はどのように利用されていたかを記したのが上記の図である。金沢駅の平面図や様々な情報をもとに昭和45年（1970）ころの構内図である。待合室にはドリンクスタンド（ミルク・珈琲）、テレビ、電話、売店があり、地下に続く階段が設置されていた。中央広間には今も金沢駅に設置されている郵太郎が立っていた。駅から外へ出ると、そこには杜若（かきつばた）の像が立っていた。この像は現在、石川県立能楽堂に移設されている。バスターミナルの番号はのりばの番号である。市観光案内所も駅の外に設置されていた。駅の右手の手小荷物室であるが明治期からの鉄道を利用した物流システムであったが昭和59年（1984）頃から徐々に廃止となり姿を消した。

昭和61年（1986）二代目金沢駅舎全景
二代目金沢駅舎には多くの広告看板が取り付けられていた。NEC、ONKYO、キリンビール、COCA-COLA、月桂冠
出典：『金沢駅 開業八十八周年記念』

昭和48年（1973）10月に金沢駅出札室オープンカウンターが完成
出典：『金沢駅 開業八十八周年記念』

昭和43年（1968）4月1日 金沢駅開業70周年記念式典がコンコースで開催された
出典：『金沢駅 開業八十八周年記念』

昭和61年頃（1986）/ 出典：『金沢駅 開業八十八周年記念』

白鬚持明院 〜 1974

金沢駅前で最も影響を受けたのがこの白鬚神社と持明院だろう。江戸時代から「白鬚持明院」と呼ばれ、駅前の木ノ新保の地に存在していた。明治の神仏分離の影響で、白鬚神社と持明院として分離。持明院には金沢で有名な蓮池があり、天然記念物にも認定されていた。この蓮池は、金沢寺町の松月寺の大桜と並んで有名な観光地だった。しかし昭和の30年代からの都市開発によって持明院の蓮池の一部が切り取られ、その後持明院は市内の神宮寺へ移転、白鬚神社も駅周辺の本町に移転。両者ともこの木ノ新保の地を去ったのである。昭和に去った白鬚神社と持明院の姿を追う。

白鬚持明院について

白鬚持明院が存在した周辺エリア

左上の写真は金沢駅の東口・鼓門を背にして右手の風景（金沢駅前中央交差点）であるが、この場所に昭和40年代まで白鬚持明院（持明院と白鬚神社）と蓮池が存在していた。

この蓮池は大正時代に藤井健次郎氏などの尽力により天然記念物として指定されたこともあり、蓮池は金沢で有名な観光地であった。

白鬚神社・持明院の歴史は長く金澤延宝図(1674年)に描かれており「持明院」と明記されている。

江戸期以前には白鬚神社と持明院は別々に存在していた。時期は不明であるが両者はともに居住し、白鬚神社は持明院の別院として「白鬚持明院」の名称で存在した。

しかし明治2年（1869）に神仏分離の影響で白鬚神社と持明院は神社と寺として再び分離。さらに昭和40年代後半の駅前再開発の影響で両者は完全に別の場所に移転。完全に分離した。

持明院は金沢駅から2km離れた市内の神宮寺に、白鬚神社は駅前の本町に移転となった。蓮池は駅前再開発に伴い昭和47年（1972）7月11日に天然記念物から解除。

神仏分離や金沢駅再開発の波の揉まれながら最後に別々の場所に移転となったのが白鬚持明院である。

江戸期		持明院の別院として白鬚神社が持明院の中に居住「白鬚持明院」となる
明治2年（1869）		神仏分離の影響で白鬚神社と持明院は神社と寺として再び分かれる
大正12（1922）	3月7日	「持明院妙蓮池」として国の天然記念物の認定を受ける（藤井健次郎などによる尽力）
昭和26（1951）	11月29日	二代目金沢駅舎の建設着工
昭和26年（1951）		正覚寺撤去（推定）
昭和27年（1952）	2月2日	北陸鉄道のバス・ターミナル建屋完成
昭和29（1954）	7月25日	二代目金沢駅舎竣工（27日に落成式）
昭和35年（1960）		道路拡張により蓮池が切り取られる
昭和37年（1962）	8月4日	金沢駅前の金沢ビル竣工
昭和45年（1970）	5月	全国新幹線鉄道整備法制定【北陸新幹線整備確定】
昭和46年（1971）		持明院の妙蓮を移植、持明院も移転（金沢市神宮寺へ移転）蓮池は国の天然記念物指定から解除（7月11日）
昭和49年（1974）		白鬚神社移転 金沢駅前の社地を昭和49年12月の都市計画により現在地（金沢市本町）に移転
昭和50年頃（1975）		跡地の一部を駅前駐車場として利用
平成6年（1994）	4月8日	ポルテ金沢竣工

白鬚神社・持明院と金沢駅前の変遷

昭和初期の白鬚神社・持明院

昭和初期に撮影されたと思われる白鬚神社・持明院の写真。この写真は現在の茶屋旅館側から撮影されたもの。
右手前が白鬚神社の建物、左奥の建物が白鬚神社。周辺は木々に覆われていたことも分かる。
昭和40年代まで木々に覆われていた。／出典：『金沢市内神社写真帖』金沢市神職会

1935 - 昭和10年代の白鬚持明院

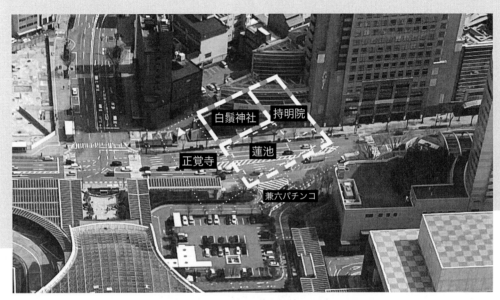

昭和初期の白鬚持明院周辺の明細図

　昭和初期の白鬚持明院と蓮池の位置関係を現在の地図に照らし合わせた図が上の図である。白鬚神社、持明院・蓮池はポルテ金沢の北陸銀行と東口駐車場の間、大通りの真上にあったことが確認できる。かつての周辺には兼六パチンコ、正覚寺が存在した。

　右頁の写真はこの位置関係をもとに推測することができる。この写真は大正15年（1926）に撮影されたもので、持明院の蓮と僧侶たちの写真である。この写真は持明院の中から蓮池を撮影したものと思われる。写真正面・右奥が正覚寺、写真右手が白鬚神社、左奥が兼六パチンコの建屋とおもわれる。この写真でも確認できるように蓮池は四角形ではなくL字の形だったようである。また、全方向が建物に囲まれていたために蓮池を見るためには持明院に入る必要があったようである。

大正15年頃（1926）の持明院の蓮池
正面右の建物は正覚寺と思われる。正覚寺の向こう側が金沢駅である。
右手には白鬚神社、左手には兼六パチンコの建物。
蓮池を見るためには持明院に入らなければならなかったようだ

1945 - 昭和 20 〜 30 年代の白鬚持明院

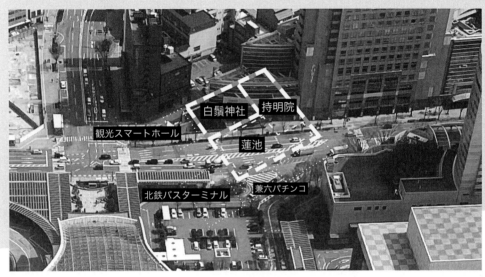

昭和 20 〜 30 年代の白鬚持明院周辺の明細図

　上の地図は昭和 28 年頃（1953）の金沢駅前である。右頁の写真と照らし合わせて位置関係を確認してほしい。北鉄バスターミナル、観光スマートホールは正覚寺の撤去後に建設された。正覚寺は昭和 26 年頃（1951）に撤去。この影響で持明院の蓮池は駅前のバスターミナルから望めるようになった。それによりバスや自動車の排ガスの影響を受けるようになった。

　観光スマートホールの建物であるが、この建物は昭和 30 年代まで観光スマートホール（パチンコ）、喫茶ヒロバ・加登長などとして利用され、昭和 40 年代に小阪ビルとして建替えられる。右頁の写真では観光スマートホールの建物の後ろに隠れて見えるのは白鬚神社の屋根。その隣の建物は持明院である。周辺には大きな木が建っていることが確認できる。

昭和29年頃の金沢駅前
蓮池は観光スマートホール、北鉄バスのりば(昭和27年竣工)、兼六パチンコ、に囲まれている。
北鉄バスのりばの左にはあった正覚寺は昭和26年頃に撤去。それにより蓮池が駅前から望めるようになった。
点線は昭和30年代後半の駅前拡張工事により道路として利用される線である。この点線---はポルテ金沢前の道路となる。
出典:金沢くらしの博物館蔵

昭和33年10月（1958）
蓮池切断を控えた金沢駅前の風景。天皇・皇后が金沢駅にご到着。
出典：『写真集 昭和花あり嵐あり―石川の昭和30年代』北國新聞社

昭和 35 年頃（1960）
蓮池が切断工事中と思われる金沢駅周辺の空中写真
出典：金沢くらしの博物館蔵

白鬚持明院

1960 - 昭和35年頃 蓮池の切断

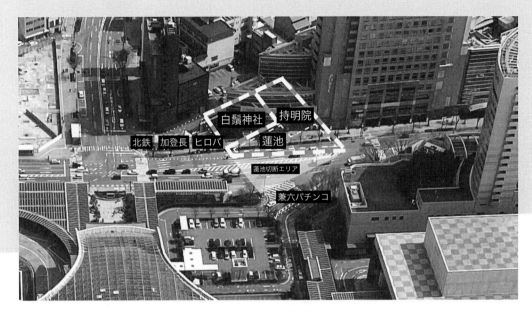

昭和35年頃(1960)の白鬚持明院周辺の明細図

　上の地図は昭和35年(1960)頃の駅前である。昭和35年頃に行われた駅前の拡張工事で切断された蓮池のエリアが確認できる。蓮池は半分くらいに小さくなり駅前の大通りに面することになった。大通りに面したことで蓮池はバスや自動車の排ガスなどの大気汚染の影響を大きく受け水質汚染が進んだ。

　蓮池の切断で道路は拡張したが兼六パチンコの建物は取り残され営業を続けていたようである。右頁の写真の左隅に兼六パチンコの建屋と思われるフェンスが確認できる。兼六パチンコ撤去後は蓮池切断エリア、兼六パチンコ建屋の場所はともに駅前の大通りとして利用される。

昭和35年（1960）- 昭和36年（1961）
道路拡張のため蓮池が切り取られた直後の写真。金沢駅前の通りに蓮池は面していた。
写真は持明院から撮影されたものと思われる。蓮池のエリアは現在すべて道路である
出典：金沢くらしの博物館蔵

1971 - 昭和46年～白鬚持明院・蓮池の移転

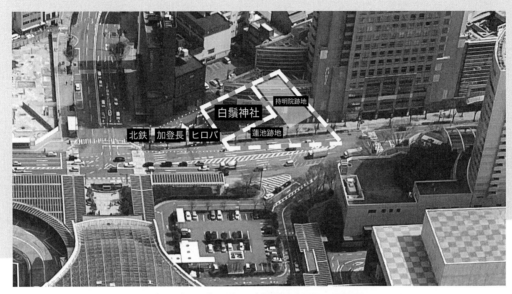

昭和46年頃（1971）の白鬚持明院周辺の明細図

　蓮池が切り取られておよそ10年後の昭和46年（1971）都市計画により持明院・蓮池・白鬚神社は順に移転する。移転の理由としては昭和45年（1970）に行われた全国新幹線鉄道整備法公布により金沢でも北陸新幹線に伴う整備が始まったことによる。その手始めがこの両者の移転だったといえる。

　持明院は昭和46年に金沢駅から2km離れた金沢市内神宮寺に移転。蓮池も持明院と同じ場所に移植された。移転に伴い蓮池は昭和46年7月11日に国の天然記念物指定から解除となった。

　持明院の移転の3年後の昭和49年（1974）に白鬚神社も移転。移転場所は数十メートル離れた金沢市本町。

　白鬚神社と持明院、そして蓮池の移転後は駅前駐車場として利用される。

　右頁の写真は持明院と蓮池が移転した後の写真（昭和47年）である。蓮が広がっていた風景は砂利となっており蓮池があったとは思えない風景となっている。

昭和 47 年（1972）
左手に見えるのは移転を控える白鬚神社。更地となった持明院の蓮池の跡地
左手前に蓮池、右手前に持明院が建っていた。駅前の通り側からの撮影 / 撮影者：藤村進

白鬚持明院

1975 - 昭和 50 年～白鬚持明院の跡地

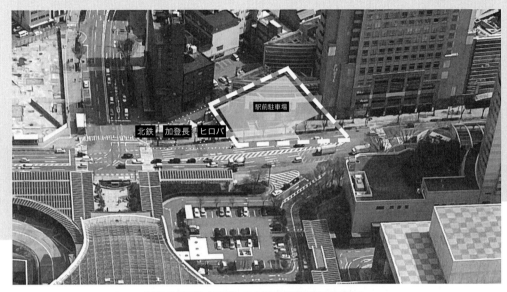

昭和 50 年頃（1975）の白鬚持明院周辺の明細図

　上記は昭和 50 年（1975）頃の図で白鬚神社・持明院・蓮池は完全に移転し、跡地は駅前駐車場として利用されているエリアが確認できる。神社や寺があったと思えない更地の駐車場である。
　右頁の写真では当時の駅前駐車場になった跡地が確認できる。カラーテレビの右側の平地が駐車場である。右頁の写真では日榮の看板が立っている北鉄観光案内所、平安閣の看板の加登長のビル、カラーテレビの看板の喫茶ヒロバ（小坂ビル）は平成初頭のポルテ金沢の建設工事とともに取り壊された。現在この場所にいはビルは建っておらず地下道の入口、北陸銀行の一部のエリアとなっている。

昭和50年（1975）
カラーテレビの右側が白鬚神社・持明院・蓮池のエリアである。
白鬚神社・持明院の場所はすべて駐車場となっている
出典：『ふるさと金沢』

白鬚持明院

白鬚持明院

令和6年（2024）
白鬚神社・持明院・蓮池があった場所は完全に道路
北陸銀行の一部として利用されている

平成31年（2017）
ホテル金沢から白鬚神社・持明院・蓮池があった方面を撮影

白鬚持明院

平成の金沢駅 1989 〜 2019

平成の金沢駅は高架化、金沢駅西口広場の設置、100年道路と言っても過言ではない金沢駅通りの完成、もてなしドーム・鼓門の完成。現在金沢駅前に立ち並んでいるビルのほとんどは平成に建てられたものだ。そして、念願の北陸新幹線の開業を迎える。北陸新幹線は昭和45年（1970）全国新幹線鉄道基本整備法の制定で敷設が決定。北陸新幹線開業に向けた数々の新幹線工事が始まった。平成17年（2005）にもてなしドーム・鼓門など完成。その10年後の平成27年（2015）新幹線計画から45年後にようやく北陸新幹線が金沢まで開業した。令和6年（2024）3月には北陸新幹線は更に福井・敦賀まで延伸。北陸新幹線は世界からインバウンド観光客を運ぶ観光のインフラとして活躍し始める。

平成

1993 平成5年 阪神・淡路大震災

2011 平成23年 東日本大震災

■3代目金沢駅舎

1994 平成6年 ポルテ金沢竣工

1991 平成3年 金沢駅西広場竣工

2005 平成17年 鼓門・もてなしドーム完成

1990 平成2年
高架化工事開業、3代目金沢駅舎竣工、ヴィサージュ竣工

1996 平成8年 金沢駅通り完成

2015 平成27年 北陸新幹線開業

1989-2019 平成の金沢駅の出来事

昭和60年 金沢駅西口開設

1985

平成2年 ヴィサージュ竣工

1990
出典:『金沢市勢要覧』

平成2年 高架化・三代目金沢駅開業

1990
出典:北國新聞社(2008)『愛蔵版ふるさと写真館』

平成3年 金沢駅西広場竣工

1991
出典:『金沢市勢要覧』

平成27年 北陸新幹線開業

2015
出典:北國新聞 2015年3月15日付け

平成17年 鼓門・もてなしドーム完成

2005
出典:『金沢駅北土地区画整理事業 金沢駅東広場』

平成8年 金沢駅通り完成

1996
出典:『愛蔵版ふるさと写真館(北國新聞創刊115年記念)』

平成6年 ポルテ金沢オープン

1994
撮影:川澄建築写真事務所、SS北陸

平成の金沢駅

　平成の金沢駅は北陸新幹線開業に突き進んだ時代であった。明治時代には「鉄道敷設法」が制定され北陸線は敷設に向かったが、平成の北陸新幹線は「全国新幹線鉄道基本整備法」の制定により整備が始まった。全国新幹線鉄道基本整備法が交付されてから石川県の政治家たちは予算取りのために奔走した。特に新幹線規格(フル規格)であるかミニ新幹線であるかという選択は大きいものであった。

　また停車駅に関しても様々な論議がなされ昭和48年(1973)に「北陸新幹線能登駅設置期成同盟会」設立され羽咋に北陸新幹線能登駅が計画されたが実現には至らなかった。

　北陸新幹線整備の決定後に検討されたのが金沢駅周辺の高架化である。高架化とは鉄道の線路を橋梁によって上方に移設することであり新幹線整備には必要不可欠な整備である。高架化前は地上の線路や踏切によって分断されていた金沢の東西が一体化となる側面もあった。

　高架化工事は北陸本線・在来線の線路を西側にずらし、空いた東側を将来の北陸新幹線用地として確保した。

1990年	平成2年	3月29日	ヴィサージュ竣工(金沢全日空ホテルオープン)
1990年	平成2年	6月5日	★高架化工事開業・三代目金沢駅開業
1990年	平成2年	9月30日	金石街道中橋町・昭和町地区高架道路開通
1990年	平成2年	12月	★金沢駅西モニュメント竣工
1991年	平成3年	3月	★金沢駅前広場竣工
1991年	平成3年	3月20日	「金沢百番街」オープン
1994年	平成6年	4月8日	★ポルテ金沢竣工
1996年	平成8年	10月26日	★金沢駅通り完成(暫定開通)
1998年	平成10年	3月30日	金沢駅東広場整備工事起工式
2001年	平成13年	3月28日	北陸鉄道浅野川線の北鉄金沢-七ツ屋間地下化
2005年	平成17年	3月20日	★鼓門・もてなしドーム竣工
2013年	平成25年	6月27日	IRいしかわ鉄道株式会社の社名が決定
2015年	平成27年	3月14日	★北陸新幹線開業
2015年	平成27年	3月14日	IRいしかわ鉄道線として金沢駅-倶利伽羅駅間が開業
2017年	平成29年	11月1日	金沢ビル・都ホテル解体に着手(2018年11月解体完了)
2024年	令和6年	3月16日	北陸新幹線 敦賀延伸開業

1967年	昭和42年	12月08日	東京 - 北陸 - 大阪を結ぶ北回り新幹線の建設促進同盟会が創立
1970年	昭和45年	03月11日	鉄道建設審議会が全国新幹線鉄道整備法案要綱を決定。北陸新幹線は二期計画に組み込まれ、五十一年度以降に着工予定
1970年	昭和45年	03月27日	建設促進同盟会が総決起大会
1970年	昭和45年	05月18日	【全国新幹線鉄道整備法公布】
1973年	昭和48年	05月31日	北陸新幹線能登駅設置期成同盟会が設立総会。羽咋地区に能登駅設置を目指すことを決定
1973年	昭和48年	08月08日	新幹線小松駅期成同盟会が上京し首相らに陳情
1973年	昭和48年	09月11日	新幹線能登駅期成同盟会が上京し首相らに陳情
1973年	昭和48年	09月18日	新幹線加賀温泉駅期成同盟会が東京で決起大会
1975年	昭和50年	01月06日	運輸省、鉄建公団は北陸新幹線の五十年度内着工は困難と表明
1981年	昭和56年	11月10日	自民党四役は国会内で整備新幹線の取り扱いを協議し北陸、東北（盛岡以北）の両新幹線を優先着工させる方針で決定
1982年	昭和57年	03月	北陸新幹線 高崎 - 小松間の駅・ルート概要の公表（環境アセス）
1985年	昭和60年	01月19日	北陸新幹線 小松 - 芦原温泉間の駅・ルート概要の公表（環境アセス）
1986年	昭和61年	03月16日	北陸新幹線本格着工の先駆けとなる駅周辺環境整備事業の起工式が金沢、富山、長野の三駅で行われた
1987年	昭和62年	12月27日	国の63年度予算編成で自民四役と宮沢蔵相らによる折衝で盛岡以北、北陸、鹿児島ルートの三線に優先順位をつけて順次着工することが合意された
1988年	昭和63年	09月01日	政治折衝で優先着工順位が決定。合意内容は高崎 - 軽井沢が第一順位、残る四区間は北陸・高崎 - 金沢、東北、九州、北陸・糸魚川 - 魚津の順に着工するなど。しかし在来型新幹線は高崎 - 軽井沢だけで、あとはミニ新幹線か高速新線型で着工の報道
1989年	平成元年	01月17日	高崎 - 軽井沢間の建設費五十億円を年度予算に計上し本格着工することが政治折衝で合意
1989年	平成元年	08月18日	小矢部市で北陸新幹線の加越トンネル工事安全祈願祭。事実上の着工
1990年	平成02年	12月	北陸新幹線 軽井沢 - 長野間フル規格（標準軌新線）での着工が決定
1991年	平成03年	06月15日	長野オリンピック開催地決定
1991年	平成03年	09月17日	北陸新幹線 軽井沢 - 長野間が着工
1992年	平成04年	08月27日	北陸新幹線 金沢 - 石動間の建設工事と金沢駅着工
1993年	平成05年	06月15日	北陸新幹線の新倶利伽羅トンネルの石川県側着工
1993年	平成05年	10月13日	北陸新幹線 糸魚川 - 魚津間が着工
1997年	平成09年	10月01日	北陸新幹線 高崎 - 長野間開業
1998年	平成10年	02月07日	長野オリンピック開幕
1998年	平成10年	03月	北陸新幹線 長野 - 上越間認可・着工
2001年	平成13年	05月	北陸新幹線 上越 - 富山間認可・着工
2005年	平成17年	06月	北陸新幹線 富山 - 金沢間認可・着工
2012年	平成24年	08月	北陸新幹線 金沢 - 敦賀間認可・着工
2015年	平成27年	03月14日	北陸新幹線 長野 - 金沢間開業
2024年	令和06年	03月16日	北陸新幹線 金沢 - 敦賀間開業

北陸新幹線が完成するまでを石川県の視点でまとめたもの
『石川の戦後50年』北國新聞社編を元に編集加筆

昭和59年（1984）12月28日 北陸新幹線の着工を求めて、北陸関係者が自民党本部で大詰めの陳情
左上から中西石川県知事、中沖富山県知事
左下から森喜朗 衆議院議員、ピンさんこと福田一衆議院議員、中川福井県知事
出典：『石川の戦後50年』北國新聞社

高架化の際に駅の業務を高架下に移転する案が浮上し急遽、金沢駅西広場整備懇話会を設置※1 駅西広場の整備が加速した。東口方面も北陸新幹線開業を念頭に再開発が活発に行われた。特に金沢駅前第一地区〜第三地区と地区に分けて建てられたポルテ金沢や全日空ホテル（ヴィサージュ）、もてなしドーム・鼓門が含まれる金沢東口広場などは今では金沢の顔となっている。

昭和45年（1970）に交付された北陸新幹線敷設が確定した全国新幹線鉄道基本整備法に始まり北陸新幹線開業まで45年。ほぼ半世紀をかけて北陸新幹線が開業したのである。

他方、北陸新幹線の開業を目論んで東口の金沢駅から武蔵ヶ辻までの直線道路「金沢駅通り」の工事も進められた。これは明治時代に建物の取壊しや予算の問題で断念した直線ルートだった。北陸新幹線開業に合わせて明治の北陸線の計画も同時に実現したのである。

明治時代に福井から延伸した北陸線。平成に富山から延伸した北陸新幹線。この2つの鉄道がこの平成の時代に金沢駅で交わるのである。

1 金沢市編（2005.3）『金沢駅北土地区画整理事業 金沢駅東広場』

1990 平成2年 高架化開業・三代目金沢駅開業

高架化開通式テープカット。中西県知事、江口金沢市長などが参加。雷鳥24号が大阪に向けて出発した
出典：『愛蔵版ふるさと写真館』北國新聞社編

三代目金沢駅。開業後も工事は完了していなかった。二代目駅舎の解体も行われていない
駅の工事が完了するのは平成17年／出典：『金沢市勢要覧』

平成2年（1990）6月5日。金沢駅高架化が完成した。この高架化の正式な名称は「金沢駅付近連続立体交差事業」着工は昭和55年（1980）（昭和53年認可）から始まり総額445億円の大事業であった。この高架橋の建設区間は犀川と浅野川の間の2.75km。高架化とは地上の鉄道の線路の上を橋梁によって上方に移動する工事のことである。新幹線の設置は高架化が必要であり北陸新幹線建設の前工事として重要だった。加えて地上の線路や踏切で金沢の東西が分断されていたが高架化で金沢の東西がシームレスに繋がった。

高架化工事は地上より8m高くなり、北陸本線・在来線の線路を60m西側にずらし、従来の線路は将来の北陸新幹線用地として確保した。この現在の金沢駅の新幹線の線路が明治に敷かれた線路の位置ということになる。

高架化開業の前日、平成2年（1990）6月4日の夜から5日の翌朝にかけて800人の作業員が線路の切り替えや改札の設置などで徹夜で作業を行った。高架が完了した直後の5日深夜2時8分「つるぎ」が入線し、この車両が高架後の初となった。

早朝5時からは通常に営業し通勤客を迎えた。新しい金沢駅での業務が始まった。5日午前9時40分から行われた竣工式には中西県知事、江川金沢市長、JR西日本社員など80人が出席。テープカットとともに雷鳥24号が大阪に向けて出発した。

高架化完成と同時に「新金沢駅」が開業。この駅舎は現在も利用されている三代目駅舎である。高架化の際にコンクリート作りの二代目金沢駅舎からの引っ越しも行われた。三代目駅舎の完成の際にJR西日本支社の業務の多くは高柳町に移転。

当時の金沢駅長であった彼谷英康 金沢駅長は「私が就職したときは昭和29年の金沢駅舎のオープンのときだった。駅長として新しい金沢駅のオープンを迎え精一杯頑張りたい。」と述べていた。高架化完成とともに平成が始まった。

余談：金沢の東・西がつながる

平成元年（1989）高架化完了寸前。南北に伸びる鉄道線路。
中橋陸橋が鉄道の線路を立体交差している。分断していた金沢の東西が高架化で融合する / 出典：『金沢市勢要覧』

　上記の写真は平成元年（1989）の高架化が行われた南北の鉄道線路を捉えたものである。写真では三代目金沢駅の工事やも進んでおり新しい駅の姿が少しずつ見えている。鉄道の線路が奥 (西) と手前 (東) がきれいに分断していることが分かるのではないだろうか。

　この分断を乗り越えるかのように線路を立体交差する「中橋陸橋」を確認することができる（中央左）。この中橋陸橋は歴史のある金石街道が鉄道の線路を超えるために作られた橋である。金石街道は金沢の大動脈と言ってもよいだろう。中橋陸橋完成は昭和34年（1959）4月20日に完成。平成2年（1990）5月に撤去。31年の役目を終えた。

　高架化は新幹線整備のための前工事という意味合いが強いが、高架化で金沢の街として注目したいのは奥 (西) と手前 (東) がシームレスに繋がり東西が融合するということである。高架化により「東は歴史的な街」として位置づけられ、「西は新しい金沢」と位置づけられ、その2つのエリアの中心に鉄道の線路が位置づけられるのである。

　金沢の玄関としてもてなしドーム・鼓門が建設される。この空中写真はまさに2つのエリアの分断と融合の入れ替わりの瞬間を捉えたものである。

1990 平成2年 モニュメント「悠颺」完成

金沢市制百周年記念

平成の金沢駅

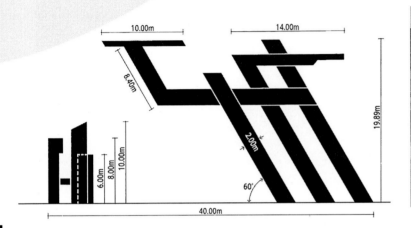

金沢駅西口を出るとまっさきに目につくのがこのモニュメントである。モニュメントは2つに分かれており、その間が道路となっており通行が可能となっている。

撮影：令和6年（2024）1月3日

　駅西広場は金沢市の新都心となる駅西地区の拠点としての整備され、モニュメントは新しい顔として設けられた。同時にこのモニュメントは金沢市制百周年を記念して建てられた。そのためこのモニュメントの高さは19.89メートル。つまり明治22年（1889）の金沢市制開始から百年を記念して1989年の数字に合わせたものである。

　この幾何学的なモニュメントのデザインは日本芸術院会員の金属造形作家・蓮田 修吾郎が担当。蓮田 修吾郎は大正4年（1915）生まれ金沢市野田町出身。活力、魅力、潤いのある「新しい金沢」をイメージし、伸び行く駅西を象徴している。

　この時期の金沢駅周辺の再開発のデザインの現場で日本芸術院会員の活躍を数多く目にする。このモニュメントも日本芸術院会員の蓮田 修吾郎である。

　モニュメントはステンレススチール製の左右に分かれた2つの造形物の組み合わせでできている。モニュメントの正面は駅西口から見たほうが正面となっている（左上図）。横幅は40メートルで、2つに分かれたモニュメントの間をバスが通り抜けてバスターミナルへと続く構造になっている。1989年にちなんでモニュメントの高さは19.89メートル。

名称	悠颺（ゆうよう）
造形	日本芸術院会員 蓮田 修吾郎
設計	財団法人 日本金属造型振興会
概要	大モニュメント：高さ19.89m（1989年）/ 斜角60度 断面 2m × 2m（主要部）/ 板厚 16mm 小モニュメント：高さ10m, 8m, 6m / 断面 2m × 2m / 板厚 9mm 材質質量：ステンレス（SUS304）127.7t / スチール（SS41）53.1t

1991 平成3年 金沢駅西広場竣工

大正13年の金沢駅の空中写真。金沢駅西方面は田畑と金沢工場があるのみの場所であった。

出典:『大正13年度 北陸地方陸軍特別大演習記念写真帖』

完成後の金沢駅西広場/出典:金沢市(1994)『金沢市勢要覧』

昭和39年	金沢駅西部地区の開発基本構想の策定
昭和43年10月	金沢駅西開発促進協議会設立
昭和44年5月	金沢駅西土地区画整理事業都市計画決定
昭和45年4月	金沢駅西土地区画整理事業事業計画決定
昭和46年7月	金沢駅西土地区画整理事業起工式
昭和53年2月	金沢駅周辺整備構想素案(金沢市)で「自動車型広場」として位置づけ
昭和53年3月	連続立体交差事業に伴って広場面積を15,500㎡に都市計画決定
昭和53年11月	金沢駅西開発協議会設立
昭和56年3月	金沢駅周辺整備構想の策定(金沢駅周辺整備構想懇談会設置)
昭和57年3月	金沢駅周辺整備計画の策定(金沢駅周辺整備懇談会設置)
昭和59年7月~昭和61年1月	第1回~第6回検討会議開催、施設配置について基本計画(案)を策定
昭和60年7月	金沢駅西口開設
昭和61年2月	金沢駅西土地区画整理事業第1工区換地処分
昭和61年3月	高架本体工事着手
昭和62年4月	第1回金沢駅西広場整備懇話会開催(計画概要説明・地下道位置について提案)
昭和62年6月	第2回金沢駅西広場整備懇話会開催(修正案の提示・モニュメント小委員会設置)
昭和62年7月	第3回金沢駅西広場整備懇話会開催(懇話会のまとめ)
昭和62年12月	金沢駅西広場工事着手(地下道)
平成2年3月	モニュメント設置決定
平成2年6月	モニュメント工事着手、旅客線高架化
平成2年12月	モニュメント完成
平成3年3月	金沢駅西広場竣工
平成3年7月	第2工区換地処分予定

金沢駅西広場が完成するまでの年表
出典:『金沢駅西土地区画整理事業 金沢駅西広場』

　金沢駅西口が平成3年3月(1991)に竣工となった。この西口方面は昭和39年(1964)の金沢駅西部地区の開発基本構想の策定の際にようやく西口の利用について論議される。明治31年(1898)の金沢駅の創立以来この場所は鉄道の工場などとして利用されたが出口もなく「駅裏」と呼ばれ本格的に利用されなかった。

　昭和45年(1970)に全国新幹線鉄道基本整備法公布。これにより北陸新幹線敷設が確定。これによりようやく西口の利用が検討されるようになったのである。

　昭和46年(1971)7月に西口周辺整備(金沢駅西土地区画整理事業)が着工となるが当初の計画には広場の設置や高架下の利用などが含まれなかった。

　西口整備とは別事業である高架化工事が行われており、この事業で駅の業務を高架下に移転する案が浮上。[※1] この案を受けて昭和62年4月に金沢駅西広場整備懇話会が設置され高架下の利用や金沢駅西広場の建設に繋がったのである。令和の現在も西口側の駅の高架下には多くの駅に関連する多くの会社が存在しているのは、この高架化事業の際に出た案であった。

　駅裏だった西口の現代は近代的で創造的、芸術豊かな副都心を担う新しい金沢の拠点となっている。

1　金沢市編(2005.3)『金沢駅北土地区画整理事業 金沢駅東広場』

1994 平成6年 ポルテ金沢オープン

▲ ポルテ金沢建設中の詰所は大通りに面した白鬚神社・持明院の跡地の一部を利用した。この詰所は現在道路として利用されている。出典：『北國新聞 平成4年3月20日』

◀ ポルテ金沢竣工時の写真
撮影：川澄建築写真事務所、SS北陸

　金沢駅東口を出て鼓門を抜け、交差点の前に立つと目に入るベージュ色の建物がポルテ金沢（ホテル日航）のビルである。地上30階、地下2階。石川県で最も高いこのビルは金沢市のほぼ全域から見える高さで金沢駅の位置を示しているかのようである。このビルは「金沢駅前第一地区第一種市街地再開発事業」として開発された。ビルのデザインは伝統文化都市にマッチし、冬の降雪時にも暖かさを感じ、駅前にふさわしい現代的なデザインを目指した。その高さ故に単調な繰り返しパターンを避け周囲の景観と違和感がないように配慮。結果として暖かいベージュが採用された。金沢駅周辺整備の監修である芦原義信氏の意見などをまとめて都市景観審議会の建物部会に諮りデザインが決定した。

　ポルテ金沢のオープンは当初、石川国体開催年の平成3年（1991）を目指して計画されていたが、湾岸戦争による資材の高騰や建物のテナントなどの選定の遅れから大きくオープンの時期がずれた。

　ポルテ金沢の建設時（上写真左から2枚目）にはポルテ金沢前の大通りの一部を詰所として利用しポルテ金沢の建設作業を行った。この詰所が最終的に道路となり、ポルテ前の大通りはほぼ直線化した。この詰所の場所はかつての白鬚神社・持明院の場所である。

1996 平成8年 金沢駅通り完成

▲ 点線のエリアが金沢駅通りとして完成した道路。リファーレ前から武蔵ヶ辻まで。現在は多くの観光客が金沢駅からこの道路を歩く。

◀ 完成した「金沢駅通り」スカイビルからの撮影。計画から完成までに98年の年月を要した
出典：『愛蔵版ふるさと写真館』

　「金沢駅通り」は金沢駅前の交差点から近江町市場のある武蔵ヶ辻まで続く道路である。現在は金沢駅から近江町まで歩く多くの観光客を目にする駅前の道路である。この「金沢駅通り」は平成8年（1996）までは存在しなかった。この経緯は長く、明治の金沢駅創設時の論争に遡る。明治時代に金沢駅と市街地を結ぶ道路の建設計画が「斜線論」として提案された際に、立ち退きが必要な家屋が多く、予算などの問題で断念した道路である。

　この道路を巡っては昭和5年（1930）に都市計画が決定したが太平戦争などの影響もあり実現に至らなかった[※1]続いて平成元年には基本計画が立てられ、平成2年（1990）にようやく着手し平成8年（1996）に完成。明治時代の計画から完成まで98年の年月を要した。

　加えて金沢駅通りの計画とほぼ同時に進んだのが金沢駅通りに面したビル「金沢駅武蔵北地区第五工区」(現リファーレ) の開発である。開発に伴うテナントとして想定されていた済生会病院や老人保健施設の撤退によって当初平成5年（1993）完成予定の計画に遅れが出た。最終的にはテナントは平成5年（1993）に第一生命保険が正式決定となり計画が進んだ。

1　『愛蔵版ふるさと写真館（北國新聞創刊115年記念）』(2008)

余談：昭和～平成の金沢駅周辺整備

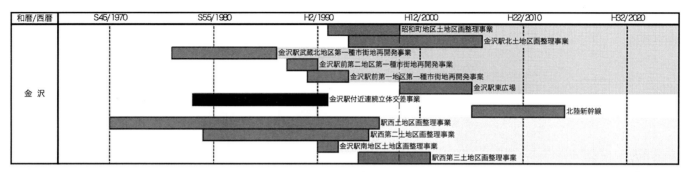

出典：『鉄道高架化に伴う駅周辺諸整備の関係性の類型化に関する研究』(2005) 増山晃太

「駅裏」から新しい金沢のエリアへ
『駅西土地区画整理事業』

金沢駅から市街地への直線接続
『金沢駅武蔵北地区再開発事業』

金沢駅東と西を結ぶ鉄道高架化
『金沢駅付近連続立体交差事業』

金沢駅の顔とも言える駅前の整備
『金沢駅前再開発』

金沢駅舎を含む広場整備と北陸新幹線
『金沢駅東広場・北陸新幹線』

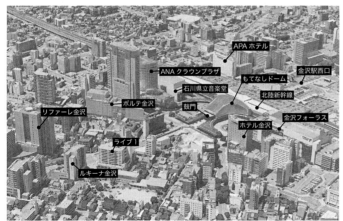

Google Earth Data SIO, NOAA, U.S. Navy, NGA, GEBCOLandsat / Copernicus

　昭和45年（1970）に公布された全国新幹線鉄道整備法により北陸新幹線敷設が確定した。この時から金沢では、駅前再開発が次々と始まった。駅西土地区画整理、金沢駅武蔵北地区、金沢駅付近連続立体交差事業(高架化)、金沢駅前地区再開発、昭和町地区土地整理、金沢駅北地区土地整理、金沢駅東広場、そして北陸新幹線の開業を迎えた。

　すべての開発は北陸新幹線のためと言っても良いだろう。昭和の後半から平成を駆け抜けた開発事業である。この流れを示したのが上記の表である。昭和45年から北陸新幹線開業まで隙間なく開発工事を行っていたといってもよいだろう。

　この再開発のときに作られた建物は令和の金沢をの中心となるような街の風景を形作ったのである。ライブ1、ポルテ金沢、ヴィサージュ、リファーレ、フォーラス金沢、石川県立音楽堂、ホテル金沢、そして鼓門ともてなしドームなどが、その代表的な建築物である。北陸新幹線で金沢に来る観光客を迎える準備が整えられたのである。

2005 平成17年 鼓門・もてなしドーム完成

金沢駅東広場工事竣工

平成の金沢駅

大屋根(もてなしドーム)とシティゲート(鼓門)が金沢を彩った。完成直後の金沢駅東広場全景
出典：『金沢駅北土地区画整理事業 金沢駅東広場』

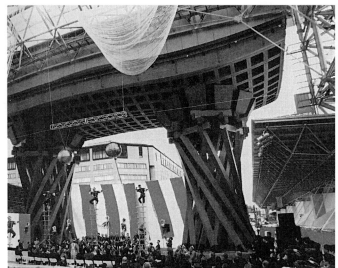

平成17年(2005)金沢駅東広場完成記念式の様子。加賀鳶も披露された。
鼓門の高さは高さ13.7m／出典：『愛蔵版ふるさと写真館』

平成17年（2005）鼓門・もてなしドームが竣工した。現在の金沢の玄関が完成。北陸新幹線開業の10年前の完成である。この工事は「金沢駅東広場工事」という名称で行われ、工事は鼓門・もてなしドームの他にその周辺の駐車場・タクシー・バス乗り場など駅の機能の多くが同時に完成を迎え、駅は大きく変化した。東広場の設計コンセプトはフランス・パリのように歴史的な重みのある金沢らしく歴史の試練に耐えうる現代的なデザインと先端技術を表現することであった。

鼓門（シティーゲート）は市民の意見を基に「木造や瓦屋根のような直接的に歴史性を感じさせる」デザインをコンセプトとした。形状については有識者等の意見から加賀宝生の鼓の形として決定。鼓門は金沢の歴史的な町の方面（東）を向いて設置され、反対側の西側に向かって近代的なアルミ・ステンレス製のもてなしドームが設置された。2つの融合で「歴史的な東」と「新しい西」を見事に表現した。

出典：『金沢駅北土地区画整理事業 金沢駅東広場』より

鼓門前で宝生流能楽師・藪俊彦師の創作能、開門之楽「結」が披露された。
出典：『愛蔵版ふるさと写真館』

手前の歴史的なエリア（東）、奥手の新エリア（西）とを結ぶ役割を果たす完成直後の鼓門ともてなしドーム。
高架化した線路は歴史的なエリアと新エリアの両エリアをフラットにした。出典：金沢市勢要覧 平成18年（2006）

　もてなしドーム（大屋根）は多雨多雪地帯である北陸の地で築かれた精神風土を反映し、人々が集う広場の上に傘をさしだすように「もてなしの心、思いやりの心」のシンボルとして設計された。鼓門は金沢の伝統芸能や工芸文化、美意識を反映したシンボルとして設計された。この芸術性などが認められ平成23年（2011）、平成25年（2013）にアメリカの旅行雑誌などに取り上げられ「世界で最も美しい駅」に選出された。

　鼓門ともてなしドーム（金沢駅東広場整備）の工事は平成10年（1998）に3月30日に起工、平成17年（2005）3月20日に完成した。この完成記念式ではもてなしドームの中、鼓門の前に立てられた仮設舞台で宝生流能楽師・藪俊彦師の創作能、開門之楽「結」が演じられた。金沢らしさを表現した鼓門と能の鼓の音が共鳴した瞬間だった。工事に携わった小堀為雄氏は竣工後の書籍の中で「新しい金沢の顔の建設過程を末永く語らって戴きたい」と語っている。

　金沢駅東広場工事は計画から10年、約20万人近くが携わった金沢駅の平成最大のプロジェクトだった。昭和45年（1970）全国新幹線鉄道整備法公布から始まった多くの駅前の数々の工事はこの工事で完了を迎え、残すは10年後平成27年（2015）の北陸新幹線開業のみとなった。

金沢駅東広場整備工事起工式
平成10年（1998）3月30日

工事着工時の金沢駅前
平成10年3月頃

JR金沢支社ビル解体後の駅前風景
平成11年9月～12年9月

鼓門をもてなしドームに連結する瞬間
平成13年（2001）6月～8月

出典：金沢市編(2015.3)『金沢駅北土地区画整理事業 金沢駅東広場』

2015 平成27年 北陸新幹線 金沢-長野間開業

金沢駅の一番列車「かがやき500号」の出発でテープカットする関係者。左から深澤祐二JR東日本副社長、飛田秀一STEP21県民推進会議会長、石川裕己鉄道建設・運輸施設整備支援機構理事長、馳浩衆議院議員、太田昭宏国土交通相、谷本正憲知事、山野義之金沢市長、永原功北陸経済連合会長、深山彬北陸新幹線建設促進県民会議会長、真鍋精志JR西日本社長/出典:『北國新聞2015年3月15日』

始発の「かがやき500号」は大勢の人で賑わっていた。この日の指定席は発売開始から25秒で完売した

昭和45年(1970)に全国新幹線鉄道整備法が公布されてから45年後。念願の北陸新幹線は平成27年(2015)3月14日に開業を迎えた。この開業により東京-金沢間は3時間47分から2時間28分と1時間以上短縮し、乗換え無しで東京まで到着するようになった。

北陸新幹線開業前までの金沢-東京間のルートは金沢駅を出発し越後湯沢まで「特急はくたか」で移動、上越新幹線に乗り換え東京駅まで移動するルートであった。

北陸新幹線開業は所要時間だけではなく輸送能力が大幅に増大した。開業前までは年間480万席であったが、北陸新幹線開業で3倍以上の1,620万席まで増大(臨時便を除く)。この所要時間と輸送能力の向上は金沢のみならず北陸全体に多くの経済効果を生んだ。

北陸新幹線には普通席、グリーン車の他にグランクラスというワンランク上のシートが準備され、お食事や日本酒などが提供された。

開業当日の平成27年(2015)3月14日、この日の指定席は発売開始からわずか25秒で完売。

始発の「かがやき500号」の出発に合わせて出発式が行われ、出発式にはJR西日本の真鍋社長、太田国土交通大臣、馳衆議院議員、谷本石川県知事、山野金沢市長が参加。プラットホームでテープカット。その後、金沢駅長と女優の土屋太鳳さん(NHK朝ドラ「まれ」ヒロイン)の出発合図で1分遅れて金沢駅を出発。

JR西日本の真鍋社長は「北陸と首都圏、中京圏、関西圏がそれぞれ約2時間半で結ばれることで、各地との交流が広がることを期待したい。」とあいさつした。

北陸新幹線のルートは参勤交代時のルートと同じであったことも話題になった。2015年3月14日は金沢-長野間が開通となり北陸新幹線は東京とつながった。
出典:石川県 北陸新幹線金沢開業について

北陸新幹線開業に合わせて金沢市が制作した観光PR用ロゴマーク。兼六園の雪吊りとキャッチフレーズが印象的。ロゴの効果もあり観光PRは全国的に展開した。

金沢駅の北陸新幹線改札前に設置された北陸新幹線開業前のカウントダウンボード。このボードは金沢-敦賀延伸の際にも同じように設置された。

平成の金沢駅

　開業当日の金沢駅の様子であるが、朝6時の始発にもかかわらず多くの見物客で非常に賑わった。金沢駅コンコースでは金沢芸妓・山中節・七尾まだら・加賀万歳・かんこ踊りが、もてなしドーム地上部では加賀鳶・御陣乗太鼓・山代大田楽・加賀獅子・矢駄獅子舞が披露された。

　もてなしドームには北陸新幹線開業の前後に掲げられていた「新幹線が春を連れて、やってくる。」という春らしい垂れ幕が金沢市民の間で話題になった。

　北陸新幹線前の改札前には開業までの日付をカウントダウンするボードが設置された（右の写真は前日を捉えたもの）。令和6年（2024）の金沢-敦賀への延伸の際にも同じように金沢駅の改札にはカウントダウンボードが設置された。

　北陸新幹線開業は観光にも大きな動きをもたらした。北陸新幹線の開業に合わせた観光PRロゴマークが作られ金沢観光の新たな幕開けを感じさせた。金沢観光は全国的にも大きく盛り上がり、連日多くの日本人観光客が金沢を訪れた。

令和の金沢駅 2019 〜

令和が始まった 2019 年 5 月 1 日。令和の時代は北陸新幹線は当たり前のインフラとして利用されるようになった。また、北陸新幹線は世界から多くの観光客を迎えるインバウンドの足を支えるインフラとして進化した。駅前を始め金沢市内には多くのホテルが建ち金沢は人気観光地として認知されるようになった。そこを襲ったのが 2020 年初頭から始まった新型コロナウイルスの世界的流行である。新型コロナウイルスの流行で国内・海外の観光客の姿は完全に消えた。新型コロナウイルス流行から 2 〜 3 年が経過し、ようやく収束に向かい金沢の観光は回復に向かっていた所を襲ったのが令和 6 年能登半島地震 (2024 年) であった。この年は北陸新幹線 金沢 - 敦賀延伸開業を予定していた。

2024 令和6年
能登半島地震

3代目金沢駅舎

令和

2024 令和6年 北陸新幹線敦賀延伸

2017 平成29年 金沢ビル・都ホテル解体

1898〜1954 初代金沢駅舎

1954〜1990 二代目金沢駅舎

1990〜 三代目金沢駅舎

2019 - 令和の金沢駅東口

① 金沢駅東口に設置された「鼓門」（シティゲート）請負人は株式会社トデックおよび建設設計・監理は白江建築研究所（白江龍三）として明記されている

② 金沢駅東口を出てすぐのもてなしドーム・鼓門

③ 鼓門側からみた金沢駅。天井にあるのはテンションリング

④ 左からフォーラス金沢、ホテル金沢、ライブ1金沢第1ビル、リファーレ、ガーデンホテル、ポルテ金沢、ANAクラウンプラザホテル、もてなしドームである。すべて平成に立てられた建物である

上の写真①は令和の金沢駅の東口の鼓門・もてなしドームである。令和6年（2024）1月に撮影されたもので鼓門前の樹木には雪吊りが施されている。この鼓門前の駅前広場では鼓門の写真を撮影しようと多くの観光客がカメラやスマートフォンを持って撮影をしている姿が日常の風景となっている。この広場では様々なイベントが開催されており、6月には金沢市祭の「百万石祭り」で行列がスタートする盛大な催しが行われる。

上段中央の②の写真はもてなしドームの内景（西側から）である。この撮影場所では大正期や昭和初期にも同じ風景の写真が撮影されている。写真左手にはバスのりばとバス停を示す案内板があり、右手にはタクシー乗り場と送迎車の乗降エリアが設置されている。

右上③の写真はもてなしドーム（東側から）の内景。もてなしドームの天井には、星形のロッドで補強された「テンションリング」という構造物がありドームを支えている。このリングは地上の大階段の下の池と中心が一致しておりもてなしドーム中央に星をかかえたリングが浮遊するかのようなデザインとなっている。

右上のワイド写真④は東口のバスターミナルを撮影したものである。左手にフォーラス金沢・ホテル金沢を始め平成に建てられた新しいビルが捉えられている。

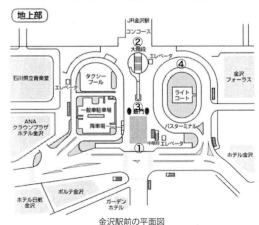

金沢駅前の平面図
出典：金沢駅前イベント広場運営センターパンフレットより

西口側から見たコンコース。左奥が東口である

北陸新幹線開業後、東口＝兼六園口となった

令和6年1月3日の北陸新幹線の改札口前。1日に発生した能登半島地震の影響で運休が続き
1月3日にようやく新幹線が復旧した

金沢駅コンコースに設置されているきっぷ売り場

北陸新幹線開業と同時にIRいしかわ改札となった

令和の金沢駅

　上の写真⑤は金沢駅北陸新幹線改札前の風景。改札左手奥に切符売り場、右手奥にみどりの窓口が設置されている。この写真は令和6年（2024）1月3日に撮影され、それは能登半島地震の3日後であり、震災による運休後、新幹線が復旧した直後のものである。

　右上⑨の写真はIRいしかわの改札口の写真である。北陸新幹線の開業に伴い従来の北陸本線の経営はIRいしかわに引き継がれ令和6年3月16日の北陸新幹線金沢-敦賀延伸の後は倶利伽羅駅から大聖寺駅までのエリアがIRいしかわの営業エリアとなった。

　金沢駅構内には金沢百番街(Rinto、あんと)とジェイアールサービスネットが運用する「おみやげ処」「セブンイレブン」が設置されている。その他にホテルヴィアイン金沢もコンコース直結となっている。

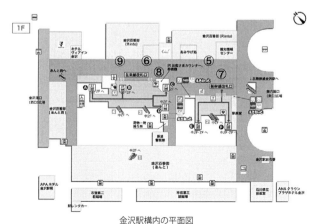
金沢駅構内の平面図
出典：JRおでかけネットのWEBサイトより（2024）

2019 - 令和の金沢駅西口

①金沢駅西口の全景。左側にはハイアットセントリック金沢、右側にはABホテルのビルが立つ

②金沢駅西口から50m道路を見渡す

③パークビルとNKビル。西口にはオフィスが広がる。

④西口バスターミナルも設置され西方面の交通の要

⑤ハイアットセントリックとハイアットハウス

　金沢駅西口は北陸新幹線敷設が確定する昭和45年（1970）の全国新幹線鉄道基本整備法公布後にようやく設置検討が始まった。それまで西方面には通路すら無く「駅裏」と呼ばれていた。昭和46年7月に金沢駅西土地区画整理事業として着工開始したがあくまで土地区画の検討であり事業には現在のような駅西広場設置は含まれていなかった。別事業である高架化事業の際に駅の業務を高架下に移転する案が浮上。それに伴い駅西広場が設置される計画となったのである。[※1]

　歴史的なエリアである東口と比較して西口は新しい金沢の拠点として副都心というコンセプトで設計された。

1　金沢市編 (2005.3)『金沢駅北土地区画整理事業 金沢駅東広場』

　上の写真①は金沢駅西口の正面の写真である。金沢駅の文字が書かれている建物は「金沢百番街あんと西」として利用されている。ヴィアイン金沢は株式会社JR西日本ヴィアインが運用するコンコース直結のホテルである。

　上の写真②は金沢駅西口からモニュメントを手前にしてその奥は50m道路(けやき道路)である。

　上の写真③は駅西口の開発の際に最も早くに建設されたパークビルである(左側)。その右隣はJR金沢駅西第四NKビルである。NKビルは金沢駅周辺に建てられたビルでJR西日本不動産開発が所有・管理

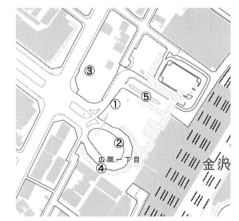

駅西エリアの地図1/出典：国土地理院 令和6年

金沢駅西時計台駐車場から高架化した金沢駅を望む。大正期より時計台駐車場周辺まで金沢駅構内であった

郵太郎は昭和29年の旧金沢駅舎竣工の際に設置

ハイアットセントリックから西方面を望む

国鉄宿舎があったあたりはオフィスや日銀となった

平岡野神社裏周辺は駐車場とレンタカーの会社が多い

令和の金沢駅

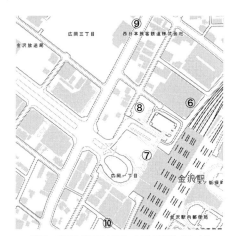
駅西エリアの地図2／出典：国土地理院 令和6年

する物件である。NKとは西日本開発の略を取ったもの。

左頁の写真⑤は、2020年8月1日にオープンしたハイアットセントリック・ハイアットハウス金沢である。北陸初のハイアットの進出となった。上の写真⑥は金沢駅西時計台駐車場から撮影した高架化した金沢駅である。金沢駅の建物の屋上は駐車場として利用されていることが確認できる。

上の写真⑦は郵太郎である。この郵太郎は旧金沢駅舎が竣工記念として昭和29年（1954）4月19日に金沢駅に設置されたものである。(長谷川八十氏制作)令和の現在は西口入ってすぐのコンコースに設置され郵便ポストとして利用されている。

上の写真⑧はハイアットセントリック金沢から駅西方面を撮影した写真である。更地になっている場所にはNKビル、日本銀行金沢支店が建設される。中央に見える高さのあるアンテナはNHK金沢放送局である。NHKもこの西エリアに移転。

上の写真⑨で左側に見えるのはJR西日本旅客鉄道株式会社のビルである。高架化の際に高柳町に移転、一部機能は業務に合わせ高架下に移転。北陸新幹線開業時の2015年高柳町からこのビルへ移転した。

上の写真⑩は平岡野神社近くの風景である。駐車場やレンタカーなどの会社が多く立ち並ぶエリアとなっている。

2024 令和6年 能登半島地震

石川県志賀町富来で倒壊した家屋。輪島、珠洲を中心に甚大な被害をもたらした。奥能登の道路の寸断が多くあり支援が届きにくかった。七尾線 金沢 - 七尾間は1月22日に運転開始。七尾 - 和倉温泉間は2月15日運転開始した。
撮影：令和6年2月2日 石川県志賀町富来

震度5強の地震の影響で金沢駅コンコースの天井からの水漏れが起こった。
3日には復旧工事が行われ迅速に復旧した。
撮影：令和6年1月3日

令和6年（2024）元日 午後4時10分。能登半島を中心に最大震度7 (M7.6) を超える大地震が起こった。奥能登の海岸線では、場所によっては4m近い隆起が観測された。死者も240名を超え石川県史上最大の地震災害となった。

金沢でも最大震度5強を記録し金沢市内の一部で家屋が倒壊、内灘町では液状化現象が発生し大惨事となった。震度5強を記録した金沢駅では地震の影響でコンコース内の天井から水が漏れコンコースは一時水浸しとなった。

また、西口モニュメント付近では地震の影響で数センチの段差が生まれ地震の爪痕が残された。

能登半島地震による被害は、能登半島から新潟方面に及び、地震直後には北陸新幹線が緊急停車し地震直後の1日午後4時10分から2日午後3時20分まで運休が続いた。その間、北陸新幹線内に取り残された乗客は新幹線内で夜を明かした。

令和6年は北陸新幹線金沢 - 敦賀延伸を控えた記念すべき年であったが波乱の始まりとなった。

震度7近くを記録したエリアでは古い家屋を中心に倒壊が相次いだ。避難所も数多く設けられ、金沢などへの避難をする住民も多かった。
撮影：令和6年2月3日 石川県志賀町富来町

金沢駅西口のモニュメント前には地震の影響で段差ができていた。金沢駅にも地震の爪痕が残された。撮影：令和6年1月3日 金沢駅西口モニュメント前

2024 令和6年 北陸新幹線 金沢‐敦賀間開業

陸線の文字が消滅する前日の金沢駅の改札口。パネルの表示はすぐに変更できるようにシールが張られている。

サンダーバード、しらさぎは金沢駅から姿を消した。写真は廃車が決定した681系のしらさぎ。

大勢の人に出迎えられ、ホームに入る「かがやき」の一番列車＝16日午前6時48分、JR小松駅
出典：『北國新聞 令和6年3月17日』

能登地震復興を象徴する御陣乗太鼓。金沢駅もてなしドーム・鼓門の下で披露された。午前中に2回披露した。

令和6年3月15日の最後のサンダーバードを見送ろうと多くの人が金沢駅に集まっていた。

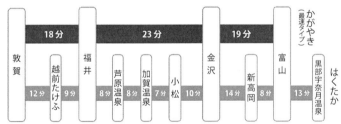

▲ 各駅同士の所要時間。金沢‐福井間が最短23分で結ばれた。

◀ 金沢駅の北陸新幹線改札前に設置された北陸新幹線金沢‐敦賀延伸開業のカウントダウンボード。カウントダウンボードは延伸開業前日のもの。

令和6年（2024）3月16日に北陸新幹線 金沢‐敦賀が延伸開業した。金沢‐敦賀延伸は認可の当初は2025年を目標としていたが、2015年1月に政府・与党間で3年の前倒しを目指すことを合意。当初の北陸新幹線金沢‐敦賀延伸開業は2023年3月の予定であった。しかし、2020年11月に1年半程度の工事の遅延が判明し、同時に工事費も膨らみ最終的に当初の計画より1年遅れの2024年3月の開業となった。北陸新幹線金沢‐敦賀延伸により小松駅・加賀温泉駅・芦原温泉駅・福井駅・越前たけふ駅・敦賀駅に新幹線が停車するようになった。

金沢駅コンコースでは金沢芸妓・加賀万歳・OEKエキコン・ほくりくアイドル部、もてなしドーム地上部では御陣乗太鼓・加賀鳶・加賀獅子・手取亢龍太鼓・YOSAKOIが披露された。

特別この年の元日に発生した令和6年能登半島地震で大きな影響を受けた御陣乗太鼓は午前中に2回披露され割れんばかりの拍手と声援が飛んでいた。

この北陸新幹線金沢‐敦賀間の延伸開業で在来線の北陸線(金沢‐大聖寺)はIRいしかわとして事業譲渡され石川県内から北陸線が消滅。明治31年（1898）の金沢駅の開業とともに始まった北陸線は令和6年（2024）3月15日に幕を閉じ北陸新幹線にバトンタッチした。北陸線の消滅に伴い金沢‐大阪間を結んでいた特急サンダーバード、特急しらさぎも同時に石川県内から姿を消した。

江戸期の金沢停車場

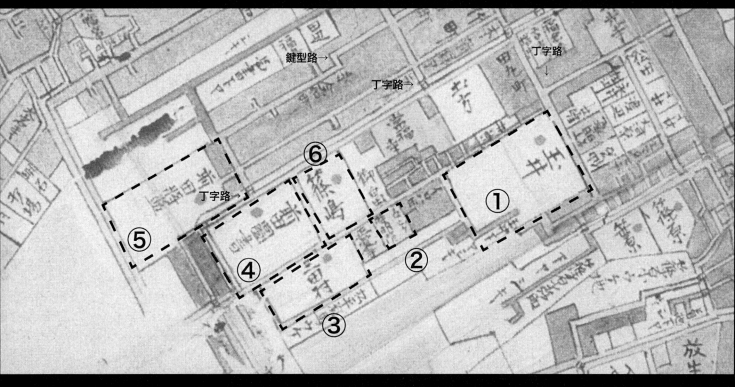

『安政頃金沢町絵図』(1854年から1860年）に小西裕太が作図
出典：石川県立歴史博物館蔵

現在の金沢駅前はもてなしドーム、鼓門、バスターミナルにいくつものビルが立ち並ぶ金沢で最も近代化が進んだ場所の一つとなっている。江戸期・幕末の金沢駅前はどのような風景だったのだろうか。写真は残されていないが多数の絵図よりどのよ うな人が住んでいたかを垣間見ることができる。前田図書家、前田将監家など前田家ゆかりの家をはじめ、前田家を支えた人たちの姿が浮かび上がってくる。その時代の痕跡を探る。

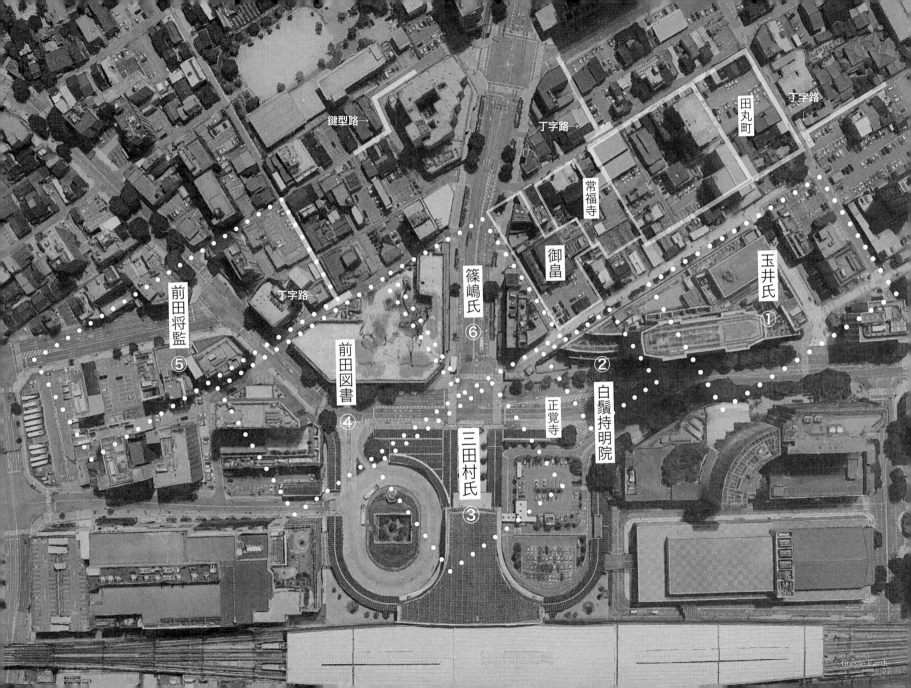

江戸期の地図と金沢駅前

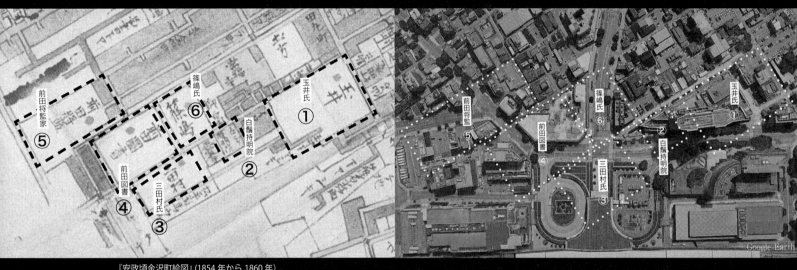

『安政頃金沢町絵図』(1854年から1860年)
出典：石川県立歴史博物館蔵

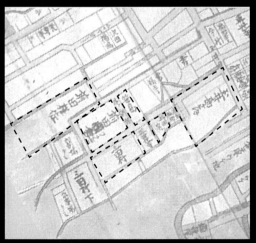

『金府大絵図』天保14年(1843年)
出典：金沢市立玉川図書館近世史料館蔵

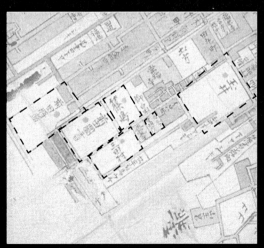

『安政頃金沢町絵図』(1854年から1860年)
出典：石川県立歴史博物館蔵

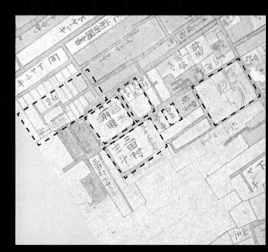

『金沢町絵図』(明治元年 1868年頃)
出典：金沢市立玉川図書館近世史料館蔵

① 玉井氏

もとは加賀藩士玉井勘解由屋敷で元禄6年（1693）の侍帳には「安江木町専光寺近所」とあることから、玉井氏は江戸時代初期から居住していたと考えられる。実際に金澤延宝図に玉井の名前を見つけることができる。玉井家の初代 玉井頼母は慶長5年（1600）前田利長の元で足軽頭を務めた。子孫も代々藩に仕え5,000石を受けていた。この玉井氏が住んでいたことからこの周辺は明治2年（1869）に「玉井町」となる。ANAクラウンプラザホテル前には「旧玉井町」の石碑が立っている。

② 白鬚持明院（持明院・白鬚神社）

金澤延宝図（1674年）にこの地は「持明院」と明記されている。ある時から白鬚神社が持明院の別院として持明院の中に居住し「白鬚持明院」と呼ばれていた（安政期には地図に白鬚持明院と描かれている）。明治2年。神仏分離の際に白鬚神社と持明院は、神社と寺として再び分かれる事になる。さらに昭和40年代後半の駅前再開発の影響に両者は完全に別の場所に移転。持明院は市内神宮寺に、白鬚神社は駅前の本町に移転となった。この持明院の蓮はかつてから存在しており大正時代には天然記念物として指定された。駅前再開発に伴い昭和47年（1972）7月11日に天然記念物から解除された。

③ 三田村氏

三田村氏は加賀藩と深い関係がある。三田村定長の娘「町」は加賀藩五代目藩主 前田綱紀の側室となったことで父 三田村定長は100人扶持（ふち）となる。側室に入った町は加賀藩六代目藩主 前田吉徳の生母となった。前田吉徳は元禄3年8月8日（1690年9月10日）生まれである。町の弟である三田村孝言は4,000石を受けたが、その後事件を起こしてしまう。そのため三田村孝言の子である三田村定保が3,000石を与えられた。金澤延宝図(1674年)の駅前には三田村氏の住まいは描かれていない。

④ 前田図書

前田図書家は図書利貞からはじまり貞里 - 貞親 - 貞直 - 貞幹 - 貞一 - 貞道 - 外記 - 貞事 - 貞発 - 又勝と家を継いでいく。7,000石を受けていた。金澤延宝図（1674年）の駅前周辺には前田図書の名前は描かれていない。元々前田図書は現在の金沢市内大手町（大手町15-40）NTTビル辺りに屋敷を構えていた（前田備前（貞親）として名前がある）。その頃、駅前には四国は伊予西条の城主だった一柳監物（一柳直興）の屋敷があった。監物は寛文5年（1665）から前田綱紀に預けられ駅前の地で生活していた。監物は元禄15年（1702）に亡くなり、後に前田図書家の屋敷として利用された。

⑤ 前田将監

前田将監家は加賀八家前田対馬守家の前田長種 息子、前田直知が初代として継がれた前田将監家。前田家の分家である。本家の前田対馬守は金沢市内大手町に屋敷があり、その隣が前田図書の屋敷であった。一柳監物が去った後に前田図書は前田将監の隣に屋敷を構える。家同士のつながりを感じる。

⑥ 篠島氏

前田利家に仕えた前田利秀。この利秀は今石動城（いまいするぎ）（富山県小矢部市、現在は城山公園となっている）の城主となるが利秀は26歳で病死。その後は家臣だった篠島清了（きよのり）が継いだ。幕末の「加賀藩組分侍帳」にも篠島鍛冶郎の名前が見受けられる。

書籍紹介：森田 柿園 著「金澤古蹟志」

　江戸期の金沢を知る際に必ず手にするのがこの「金澤古蹟志」である。本書の江戸期の金沢駅についてはこの金澤古蹟志を参考にしている。この金澤古蹟志を書いたのは森田柿園 (本名 森田平次) である。森田柿園は、「金澤古蹟志」をはじめとする数多くの郷土研究で石川県に非常に大きな貢献を残した。

　金澤古蹟志は明治 24 年（1891）に執筆し、昭和 51 年（1976）には日置謙（へきけん）による校訂版が歴史図書社から再販されている。現在手に入る金澤古蹟志はこの昭和 51 年のものである。

　右の写真は森田柿園の唯一の写真である。この写真を撮影した半年後の明治 41 年（1908）12 月 1 日に、彼は 86 歳で他界した。

　森田家の元祖、森田武右衛門が金沢の柿木畠に住み始めたことが、森田家が金沢に来たきっかけである。森田武右衛門は越前吉郡森田村 (福井市) の出身で、福井駅の隣辺りにある森田駅の周辺である。

　森田は明治の戸籍法に伴い「森田平次」という名前となったが平之祐（へいのすけ）、良見（よしみ）、そして柿園（しえん）などとも称している。この「柿園」の名前の由来は八代 作左衛門（さくざえもん）の時に六十石となって家を柿園舎（しえんしゃ）と名づけたことが始まりで、この柿園舎の名前の由来は現在も金沢に残る町の名前「柿木畠」である。森田柿園は晩年金沢の柿木畠に住んでいた。

　森田柿園は前田家の「家録編集係」「蔵書調査係」や「御前講」を賜り加賀藩の仕事を請けていた。蔵書調査終了し前田家蔵書を自宅に借用し森田は加賀藩を始め金沢の研究に没頭した。森田柿園の最大の功績と言えるのが 1872 年に「白山論争記」を執筆したことで白山が石川県の管轄となるきっかけをつくったことである。

　森田柿園の著作や収集本を収めた『森田文庫』は石川県立図書館にあり、多くの功績を目にすることができる。

森田 柿園
出典：『晩年の森田柿園その二』
石川郷土史学会々誌 第 29 号鈴木雅子

1823 年	文政 6 年	生まれる
1868 年	慶応 4 年	加賀藩に仕える
1869 年	明治 2 年	前田家「家録編集係」となる
1870 年	明治 3 年	前田家の「御前講」をたまわる
1871 年	明治 4 年	前田家の「蔵書調査係」をたまわる
1872 年	明治 5 年	蔵書調査終了し前田家蔵書を自宅に借用
1872 年	明治 5 年	「白山論争記」を執筆し白山が石川県の管轄となる
1876 年	明治 9 年	石川県を辞職 (54 歳)
1891 年	明治 24 年	「金澤古蹟志」執筆 (68 歳)
1908 年	明治 41 年	12 月 1 日没

書籍紹介：中井 安治 著「鉄路有情」

唯一の記念の塔(戦時中撤去)の記述
「金沢駅から眺めた市内(昭和15年頃)」
出典：『鉄路有情』中井 安治 著

「鉄路有情」は金沢駅開業100周年を記念して制作された一冊である。鉄道OB会員である中井安治氏が書いた一冊。中井氏は「秘史辰巳用水」「笠間村郷土史」なども手掛けており郷土の作家としても活躍していたようだ。本書でも参考にさせてもらった一冊。特に鉄路有情の最後の見開きページに掲載されているイラストに停車場前の照明塔が撤去されたということが記されているのはこの鉄路有情である。この照明塔の撤去についてはこの鉄路有情以外に見つけることはできず貴重な史料である。太平洋戦争末期には金属回収令が出され金沢市内では数多くの貴重な銅像なども撤去された。この鉄路有情は国鉄時代に鉄道マンとして従事した方々の熱い思いで溢れている一冊となっている。金沢駅開業100周年にふさわしい一冊である。

書籍紹介：谷口 昭夫 著「北陸線を走った列車たち」

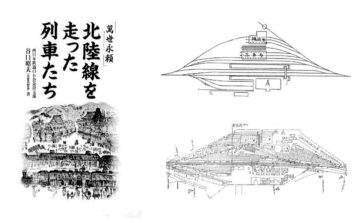

「北陸線を走った列車たち』は国鉄、JR西日本金沢支社営業課長、金沢駅長、七尾鉄道部長などを経て退職した昭和19年（1944）生まれの谷口昭夫氏が書いた一冊。この一冊は金沢駅の開業以来の乗降人数や売上など、歴代の駅長たちがまとめた「金沢駅沿革史」を谷口氏が編集した一冊となっている。「金沢駅沿革史」は現在閲覧できないが北陸線を走った列車たちでは金沢駅沿革史か様々な資料が引用されている。特に明治期、大正期の駅の構内図は本書では何度も引用し、明治・大正時代の金沢駅を知る貴重な資料だ。明治・大正の構内図と現代の空中写真を重ね合わせることで駅の大きさなどを知ることができた。本書では引用していないが開業当時からの時刻表など細かく掲載しているのがこの北陸線を走った列車たちである。

金沢駅のゆくたて

「ゆくたて」この言葉の意味は"いきさつ" "なりゆき"という意味である。ここまで江戸期・明治・大正・昭和・平成の金沢駅の出来事を見てきたが、ここからは時代を俯瞰的に眺め、時代と時代の差異から金沢駅を作ってきた人々の未来への意思を紡ぎ出していく。それを「金沢駅のゆくたて」として次の時代を作る礎をつくりたい。どのように金沢駅が変化したのか。多くの金沢駅の写真に解説を交えなが紹介する。何が失われ、何を作ったのか。どこからきて、どこへゆくのかをまとめた集大成である。

1912 - 明治・大正期の金沢駅前

明治31年～昭和3年頃まで

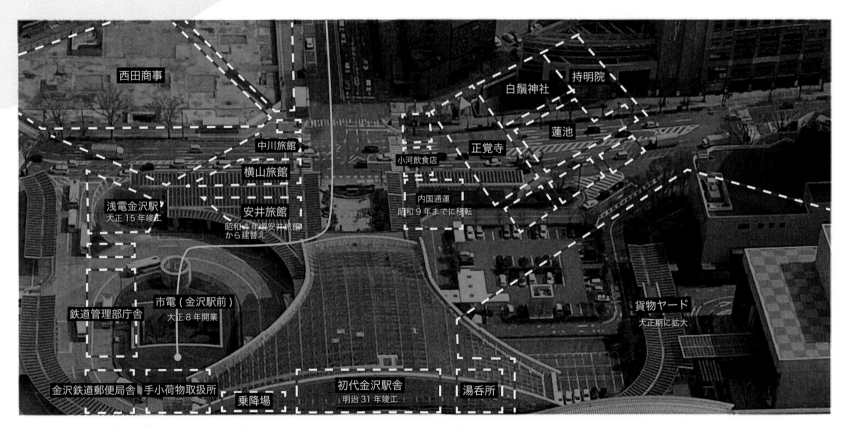

 明治31年（1898）4月1日に金沢駅が開業となったのであるが、このときの金沢駅前の風景は終戦間際の昭和20年まで大きく変わることがなかった。木造の駅舎を出ると目に入るのは左側に大きな柳と、その柳に隠れた安井旅館が建っていた。その安井旅館の前を市電が走り金沢駅の左側に金沢駅前の停車駅があった。安井旅館の並びには多くの旅館が立ち並んでいた。横山旅館、中川旅館など。

 また、金沢駅を出て右側には内国運輸の建物が建っていた。これは後の日通である。この内国運輸の隣には小河飲食店や中川旅館の別館である太陽食堂などが軒を連ねていた。内国運輸や小河飲食店の裏には正覚寺という大きな寺が建っていた。更にその裏に白鬚持明院、そして蓮池があった。当時は蓮池などは建物に囲まれており奥まった場所にあった。

 貨物ヤードも大正時代には大きく駅前に敷地を構えていた。そのエリアは現在の駅を出て右側のタクシー乗り場から音楽堂のエリアである。

大正 13 年（1924）11 月

金沢駅を出て左側の建物は「安井旅館」右手には「内国運輸」
駅前の大通りに建っている2本のオブジェクトは特別演習を記念して立てられた歓迎の門
奥の方に見える寺は東本願寺。駅前正面から大きく見えたことが確認できる
出典：『石川百年―写真集』陸軍特別大演習 大正 13 年

金沢駅のゆくたて

金沢駅のゆくたて

明治後期頃

明治後期頃の正面からの金沢駅の写真と推定される写真である。
左側に確認できる「小まつや」というのは駅の開業時から営業していた駅前の宿である。
明治期の駅前には柳の木が何本も立てられていたことが確認できる。
提供：三宅 俊彦 氏

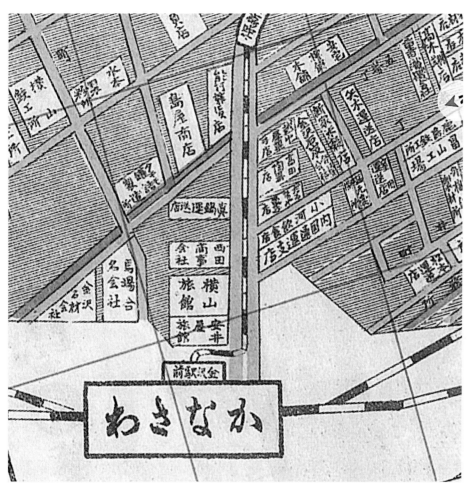

大正13年（1924）

大正時代の金沢の大日本職業別明細図には駅前の店舗名などが確認できる
出典：古今金澤『大日本職業別明細図・金沢市』大正13年（1924）

昭和元年～昭和3年頃（1926～1928）

写真右隅に見えるのは内国運輸の建物。中央の大柳の裏に見えるのは安井旅館の建物。
大きな柳と安井旅館の建物の間を市電が通過している。
安井旅館は昭和4年頃に金沢ホテルとして建て替えられる。
この写真は建て替え前の安井旅館の姿である
出典：内灘町歴史民俗資料館 風と砂の館蔵

昭和元年〜昭和3年頃（1926〜1928）

金沢駅前に並ぶ人力車、その後方に浅電金沢駅、鉄道管理部庁舎の建物が見える。
右後方に見える大柳の後ろに安井旅館と横山旅館。照明灯の完成（昭和4年完成）以前の駅前の風景である
出典：内灘町歴史民俗資料館 風と砂の館蔵

1926 - 昭和初期の金沢駅前（戦前・戦中） 昭和4年〜昭和20年頃まで

　昭和4年（1929）に金沢駅前に照明塔が設置された。この照明塔と同じタイミングで金沢駅前の安井旅館は金沢ホテルとして建て替えが行われた。洋館の佇まいでモダンな金沢駅前を彩った。横山旅館、中川旅館も明治・大正時代から軒を連ねていた。中川旅館は昭和7年前後に2階建てから3階建てに改築。

　駅前で目に入ったのは浅電金沢駅の上の「粟崎遊園」文字の看板。駅前から粟崎遊園や海水浴に行く客が利用した。昭和初期のレジャーの代表格であった。

　昭和6年（1931）には金沢駅前がコンクリート舗装。昭和9年には金沢市観光協会の建物が竣工し照明塔と並んで金沢駅を彩る建物として目に入った。金沢駅左側の乗降場の前には100輌を越える人力車が縦に並んだ。人力車は大正期に最盛期を迎え昭和に入り少しずつ台数が減少していき、タクシーやバスが目に入るようになり、駅前にも停車場が設けられる。

昭和4年以降（1929～）

左奥に浅電金沢駅、中央に金沢ホテルと照明塔が位置している。
照明灯は昭和4年（1929）に完成。路面がコンクリート舗装前。
駅前のコンクリート舗装は昭和6年（1931）に行われる
出典：『写真と地図でみる金沢のいまむかし』

昭和5年頃（1930）

照明塔、金沢ホテル、駅前の大柳、浅電、市電。
昭和初期の金沢駅前を代表する風景である。
昭和6年（1931）にコンクリート舗装される。同時期に中川旅館も3階建てに改築する。
出典：『金沢市写真帖 昭和5年』

昭和9年以降（1934）

駅前の照明塔、金沢ホテル、そして右手には昭和9年（1934）竣工の金沢市観光協会の姿が確認できる。
金沢市観光協会の建物が存在することから昭和9年以降と思われる
出典：小西裕太 所有

金沢駅のゆくたて

金沢駅のゆくたて

昭和初期〜戦中

金沢駅舎は大正13年前に増築されたが、駅舎は増築後の姿となっている。
金沢駅止まりだった市電は戦中の昭和20年（1945）5月28日に
金沢駅前 - 六枚町 - 白銀町としての環状化。この写真は環状化前のもの
出典：内灘町歴史民俗資料館 風と砂の館蔵

昭和9年以降（1934）

左側に金沢ホテルと照明塔、金沢駅右手に見える建物は金沢市観光協会。
金沢市観光協会の建物は建設中だと思われる。
金沢駅の正面には大きく東本願寺の姿が見ることができた
出典：「写真と地図でみる金沢のいまむかし」

金沢駅のゆくたて

昭和12年(1937)

金沢駅前に整列する吉住部隊。
戦時中の金沢駅前の風景。金沢市観光協会の建物には横断幕が掲げられ戦時中の金沢を物語っている。
駅前は遠征に行く軍人の集合場所として利用されていることが確認できる
出典:石川県立図書館蔵

昭和 12 年（1937）

上海に派遣された吉住部隊の写真。金沢駅創立時にこの金沢駅前を軍隊の利用を念頭に
広見を設けたが実際に利用されていることが確認できる。
この写真は昭和 9 年に完成した金沢市観光協会の建物の 3 階のバルコニーから撮影されたもの。
多くの軍人が集まっている場所は現在では完全にもてなしドームの中に位置する
出典：石川県立図書館蔵

金沢駅のゆくたて

昭和 12 年（1937）

金沢駅前に人力車の姿を見ることができない。人力車に代わって多くのタクシーが駅前に停車している。
写真右端に市電の停車駅が確認できる。市電は昭和 20 年（1945）に環状化し金沢駅が起点ではなくなった。
出典：『金沢市要覧 昭和 12 年（1937）』

昭和 13 年（1938）

金沢駅前のタクシー乗り場周辺にはバス乗り場が設置されていたことが確認できる。
タクシーの多くは昭和 11 年（1936）発売のトヨダ AA だろうと推測ができる。
出典：石川県立図書館蔵

金沢駅のゆくたて

1950 - 昭和20年代の金沢駅前（戦後）

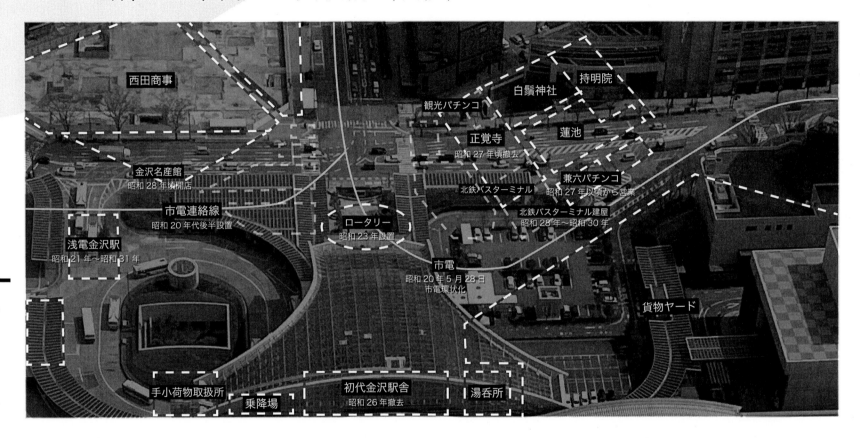

金沢駅のゆくたて

204

　昭和20年（1945）太平洋戦争の終戦直前に行われた建物疎開の影響で金沢駅前の多くの建物が撤去となった。駅を出て左側にあった金沢ホテル、横山旅館、中川旅館、浅電金沢駅、鉄道管理部庁舎、金沢鉄道郵便局。駅を出て右側にあった金沢市観光協会などが撤去となり、戦後に建物疎開跡の片付けとともに金沢駅前は創設以来初めて拡張工事が行われた。この影響で駅前の建物は駅から見てハの字のような配置となり、奥まっていた民家などの建物が駅前の大通りに面するようになった。特に駅を出て右側の金沢市観光協会の建物の後ろに建っていた正覚寺が大通りに面したことで駅前に大きな寺が出現したような風景となった。

　昭和23年（1948）には駅前にロータリーが完成。進駐軍が立ち去った後、昭和20年代後半になると駅前の正覚寺が撤去となり大きなバスターミナルの建屋が完成。同時に持明院の蓮池が駅前から顔をのぞかせるようになった。また市電と浅電の連絡線が設置された。パチンコなども駅前に多く軒を連ねた。

昭和25年（1950）

昭和25年（1950）の宗教平和博に撮られた駅前の写真。
駅前ロータリーに宗教平和博のモニュメントが建てられた。
昭和20年代前期の駅前には大きな正覚寺の寺が目に入った。
出典：『愛蔵版ふるさと写真館』北國新聞社

金沢駅のゆくたて

金沢駅のゆくたて

昭和25年頃(1950)

駅西方面から金沢駅舎を撮影した写真。駅前のロータリーや木々に覆われた正覚寺が確認できる。
駅を出て左側のには民家などが立ち並び居酒屋など営業していた。

昭和26年頃(1951)

完成前の北鉄バスターミナルが確認できる。屋根の色が白く未完成と思われる。
このバスターミナルは昭和28年(1953)頃から昭和30年(1955)頃まで存在した。
左上に二代目金沢駅舎の完成図が掲載されているのは昭和26年(1951)から新駅舎の着工が始まるため。
出典:『金沢市勢要覧』昭和26年版

金沢駅のゆくたて

昭和 28 年頃（1953）

金沢駅を西方面から撮影したもの。二代目金沢駅舎が完成に近づいている。
上空から見ると二代目金沢駅は初代目金沢駅の前に建てられたことが確認できる。
金沢駅東方面の貨物ヤード、駅西方面の回転台は非常に大きかった。
出典：『金沢市勢要覧 昭和 28 年』

昭和29年頃(1954)

北鉄バスのりばは昭和27年(1952)〜昭和30年頃(1955)まで存在。
バスのりばの横はバスターミナルとして利用され、ターミナルからは持明院の蓮池が望めた。
バスターミナルの隣の観光パチンコの建物は昭和40年代まで加登長や喫茶ヒロバなどとして営業
出典：金沢くらしの博物館蔵

金沢駅のゆくたて

1960 - 昭和30年代の金沢駅前

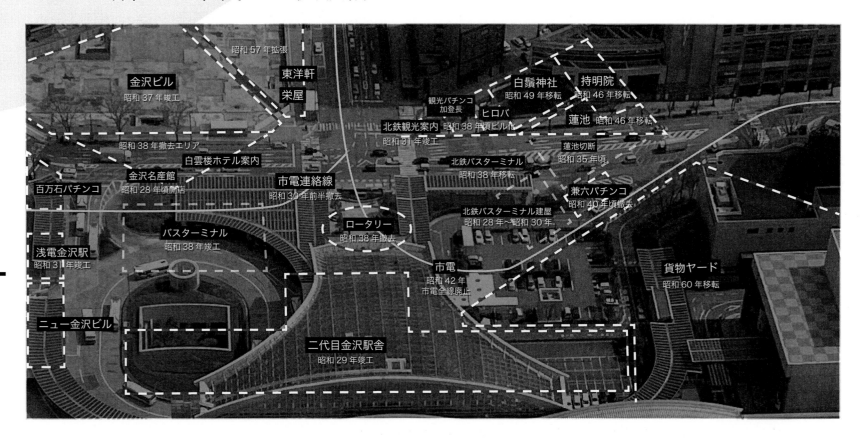

　二代目金沢駅舎が完成し高度経済成長真っ只中の昭和30年代の金沢駅前は駅前に多くの飲食店などが軒を連ねた。駅を出て左側には金沢名産館や白雲老ホテル案内所、居酒屋、百万石パチンコなどが立ち並んだ。右側には北鉄バスターミナル、兼六パチンコ、観光パチンコ、加登長・喫茶ヒロバが立ち並んだ。加登長・喫茶ヒロバの建物の上には日榮や東芝テレビの大きな看板が立ち、夜も煌々とネオンが輝いていた。加登長・喫茶ヒロバの建物は昭和38年頃にビル化し駅前の活気を感じさせる。加登長・喫茶ヒロバの隣の持明院の蓮池は昭和35年頃（1960）に切り取られ、駅前の大通りは現在のように金沢駅に対して並行になるように拡張。

　昭和30年代後半になると金沢ビル・都ホテルが完成。金沢駅地下街の金沢ステーションビルと合わせて金沢駅周辺がショッピング街として活気づいていた。昭和38年（1963）にバスターミナルが駅右側から左側に移動した。

昭和30年頃（1955）

北鉄バスのりばの建屋が撤去された後の写真と推定。
バスのりばの大きな建屋の跡地に宝くじ売場の小屋が建てられた。
バスターミナルから持明院の蓮池が望めることが確認できる。
観光ピンホールの隣の建物は改装され喫茶ヒロバとして開業
撮影：薗部澄

金沢駅のゆくたて

昭和 33 年（1958）

昭和 33 年（1958）天皇陛下が金沢を訪問した際の写真。
金沢名産館、北鉄観光案内所、加登長、観光パチンコ、喫茶ヒロバ、兼六パチンコが軒を連ねる。
東芝テレビや日榮、加登長の看板が駅前に立っていた
出典：『写真集 昭和花あり嵐あり - 石川の昭和 30 年代』北國新聞社

昭和37年頃（1962）

駅前の喫茶ヒロバ・加登長の建物から撮影されたと思われる写真。写真右奥に見えるのはニュー金沢ビル。
この写真の翌年の昭和38年（1963）に駅前ロータリーは撤去。
手前のバスターミナルは昭和39年（1964）に右奥の駐車場周辺へ移動
出典：金沢くらしの博物館蔵

金沢駅のゆくたて

昭和 39 年頃（1964）

東京オリンピックを控える金沢駅前の風景。
完成したばかりのバスターミナルを利用する乗客が確認できる。
このバスターミナルの場所は現在も同じである。
日榮・アリナミンの看板の建物周辺は現在のポルテ金沢の北陸銀行周辺にあたる
出典：北陸鉄道株式会社

昭和41年頃（1966）

左中央に見えるのは百万石パチンコ。現在はホテル金沢周辺にあたる。
その奥に伸びる道路は鳴和方面につながる鳴和三日市線の道路である
出典：『金沢市勢要覧』昭和41年

金沢駅のゆくたて

2019 - 平成・令和の金沢駅前

明治31年(1898)から130年近くが経った令和の金沢駅前は多くの変遷を経て大きく異なった姿となっている。金沢駅舎は三代目金沢駅舎となりもてなしドーム・鼓門が金沢駅の顔となり多くの観光客を迎える駅のシンボルとなっている。金沢駅東口を出ると明治時代から広がっていた貨物ヤードは一切姿を消し、右手にはタクシー乗り場、左手にはバスターミナルが位置している。東口を正面に向かって歩くと金沢駅通りにつながる。この金沢駅通りは明治時代から存在していたものであるが、平成8年に金沢駅前から武蔵ヶ辻まで延長した。金沢ビル・都ホテルは昭和37年に竣工したが平成29年(2017)に解体され、令和7年(2025)時点でもその利用用途は決まっておらず更地のままである。昭和58年(1983)に開業したガーデンホテルは令和7年も営業を続けている。その他の金沢駅東口の代表的なホテルはポルテ金沢のホテル日航、ANAクラウンプラザホテル、金沢ホテルなどが立ち並んでいる。

金沢駅のゆくたて

令和6年（2024）1月4日

金沢駅東口を出てすぐの場所からもてなしドームと鼓門。
右手にはタクシー乗り場、左手にはバスのりばが位置している。
エスカレーターで地下のもてなしドーム地下広場につながっている
撮影：小西 裕太

金沢駅の上空写真

上空から見た金沢駅周辺にはどのような建物が建っていたのか、数多くの古写真や資料から推測しながら金沢駅周辺の建物の名称などを確認した。軍事演習に合わせて金沢駅上空が撮影された。大正13年（1924）。金沢駅がコンクリート造りに建て替えられた昭和29年（1954）。金沢駅が新幹線を見据えて始まった高架化工事、国鉄からJRに切り替わる間際の金沢駅。昭和61年（1986）。そして北陸新幹線開業後の令和3年（2021）。空から見た金沢駅周辺を解説する。

1924 大正 13 年頃 金沢駅周辺の上空写真

大正 13 年（1924）11 月
出典：「大正 13 年度北陸地方陸軍特別大演習 記念写真帖」

金沢駅の上空写真

大正13年（1924）に行われた「北陸地方陸軍特別大演習」の際に多くの写真が撮影され、その際にこの空中写真が撮影された。軍事演習で訪れる人のために駅前には歓迎の門が建てられている。大正期の金沢の町の詳細が描かれた明細地図はほとんど残されておらず、多くの家屋の使われ方は様々な資料から推測して明記している。この大正期も金沢駅前には安井旅館、内国運輸などの木造の家屋が並ぶ設立初期の金沢の風景と大きく変わっていない。この撮影時にはまだ開業していない北鉄金沢駅の建物予定地が確認できる。白い点線で記してあるのはこの時代の金沢駅の構内のエリアである。当時は相当大きなエリアが駅として利用されていた。注目すべきは西口エリアである。工場以外は家屋も無い田畑のみが広がるエリアである。

1954 昭和29年 金沢駅周辺の上空写真

昭和29年（1954）
出典：『石川の戦後50年』北國新聞社

金沢駅の上空写真

　二代目金沢駅舎の竣工は昭和29年（1954）この写真は二代目駅舎ができた頃の撮影である。町中の店舗名などを確認するために明細地図などを利用するが、金沢の明細図は昭和31年頃から一般的になり、それ以前の明細図は木谷佐一の「大日本職業別明細図」が頼りとなるが、すべての建物が明記されていない。そのため昭和31年の明細図や空中写真、古写真などを参考に作成した。

　二代目金沢駅舎の目の前には駅前ロータリーが目に入った。駅の右側には大きな北鉄バスターミナルが建っていた。これは昭和30年頃まで存在。その裏手には持明院の蓮池や白鬚神社の建物が多くの木々とともに建っていた。兼六パチンコも駅前で有名だった。貨物ヤードも大きなエリアを締めており日本通運金沢支社の建物は平成の初頭まで残っていた。現在はこのエリアにはANAクラウンプラザやポルテ金沢が建っている。

　駅の左側には北鉄金沢駅や金沢名産館などが並んでいた。金沢駅通り沿いに見える栄屋は後に都ホテルの中で平成の終わりまで営業を続けていた。石川トヨタの建物も確認できる。西田商事は後に金沢ビル・都ホテルとして建て変わる。

1986 昭和61年頃 金沢駅周辺の上空写真(東側)

昭和61年頃(1986)
出典:『金沢駅 開業八十八周年記念』

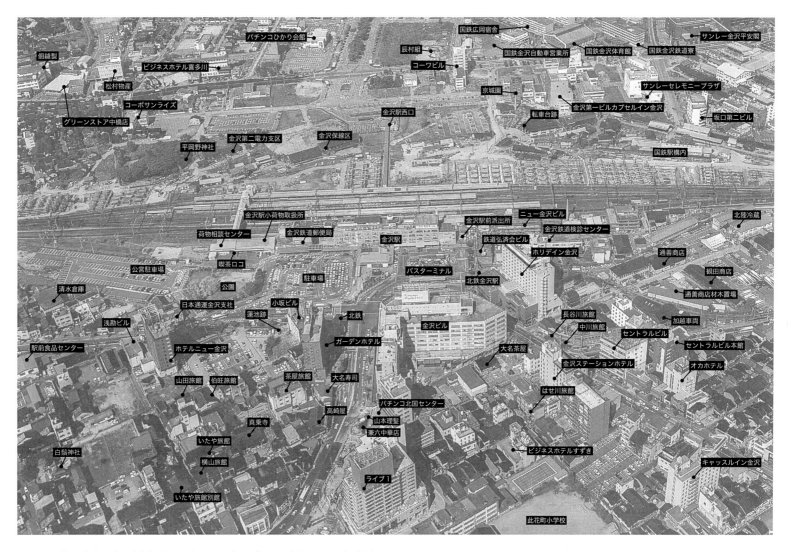

金沢駅の上空写真

昭和61年の空中写真(東側から)である。昭和60年には金沢駅西口が開設され東と西がようやく通行できるようになった年である。昭和55年に高架化の工事が始まっており空からは工事の進捗を見ることができる。昭和40年頃に蒸気機関車は姿を消したのであるが、西方面にはまだ転車台などが残っており徐々に撤去が進んでいるようである。この転車台付近にハイアット・セントリック金沢が建てられる。

2021 令和 金沢駅周辺の上空写真 (西側)

令和3年(2021) 3月21日
撮影：小西 裕太

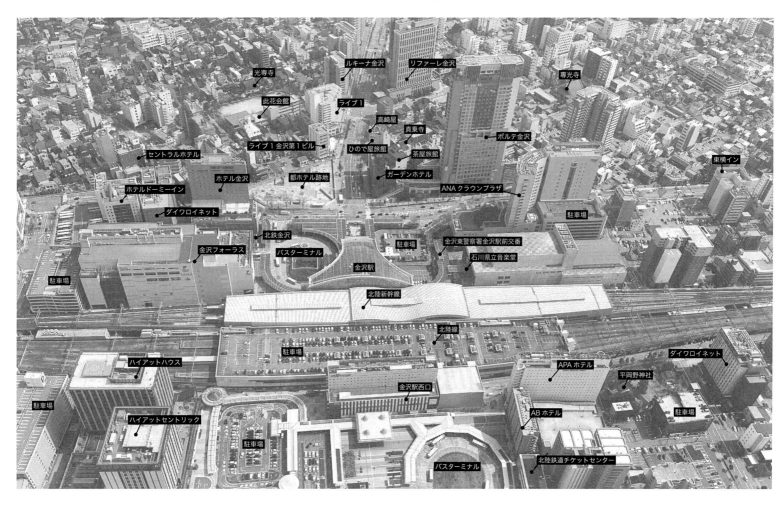

金沢駅の上空写真

令和3年(2021)3月21日に金沢駅を西口方面から撮影した空中写真である。北陸新幹線を迎え観光客が国内外から非常に増えていたところを襲ったのが新型コロナウイルスであった。この写真を撮影した令和3年はまだその影響が大きく観光客どころか人通りも少ない金沢駅であった。

金沢駅周辺には北陸新幹線を見据えて建てられた建物を多く見ることができる。令和6年には能登半島地震の影響を受けたが、令和6年3月16日には無事に金沢-敦賀間の北陸新幹線延伸開業を迎え新しい北陸の時代が始まった。

金沢駅を知る資料

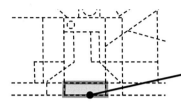

◀ 初代金沢駅舎の位置

このトレース線で分かることは線路側の位置は初代金沢駅ともてなしドームと同じ場所であるということである。

`線路側の位置はもてなしドームと同じ位置`

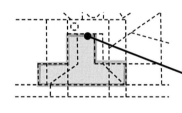

◀ 2代目金沢駅舎の位置

2代目駅舎の突き出した入口の位置ともてなしドームの鼓門前の位置が同じであったことが分かる。

`2代目駅舎の出口はもてなしドームと同じ位置`

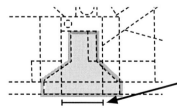

◀ 3代目駅舎もてなしドームの位置

初代駅舎の場所ともてなしドームの場所を比較すると初代駅舎は少し左寄りの位置関係であった。

`初代駅舎はもてなしドームの左寄り`

金沢駅前(右)の変遷

上記の図は金沢駅前の右側の明細地図である。この右側は「金沢駅前第一地区第一種市街地再開発」とも呼ばれるが江戸・明治・大正には正覚寺・白鬚持明院、昭和初期に金沢市観光協会、昭和20年代には加登長や喫茶ヒロバ、昭和30年代には北鉄交通案内所と小坂ビル、昭和40年代は駐車場となり、現在のポルテ金沢につながる。上記はその変遷を詳細にまとめたものである。

令和の金沢駅前の右側 (Google Earth) ▶
令和の現在の金沢駅の右側にはポルテ金沢がたちかつてのバスターミナルや正覚寺・白鬚神社・持明院の姿はない

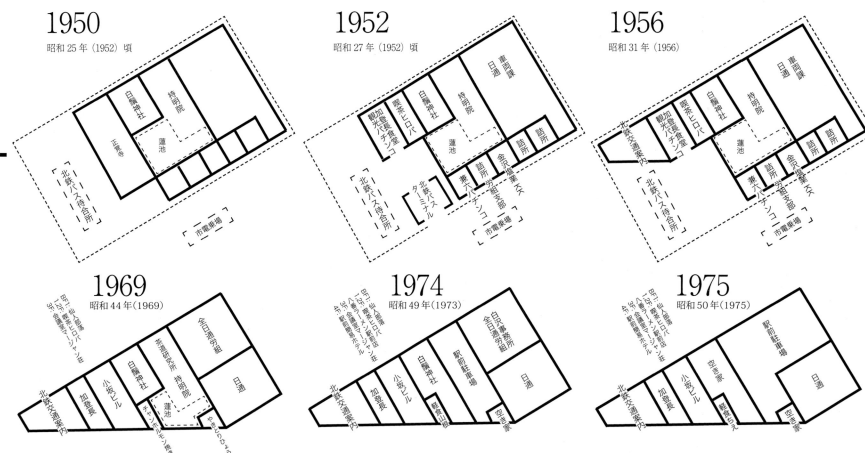

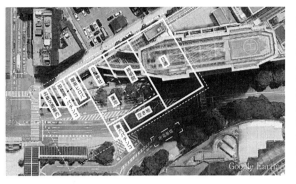

昭和34年（1959）
この明細図は右上から左下にかけての斜線はポルテ裏の木ノ新保6番丁の小路に合わせ、左端は金沢駅前のガーデンホテルの前に合わせ、右端はポルテ金沢のちょうど中間あたり、横断歩道に位置させる。小阪ビルや加登長が非常に狭いエリアに建っていたことが分かる。

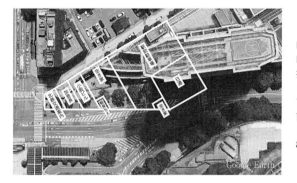

昭和50年（1975）
昭和40年代には白鬚神社・持明院・蓮池は無く多くのエリアが駐車場として利用されていた事がわかる。現在の駅前の鳴和三日市線の多くのエリアは道路となったのは平成8年となってからである。

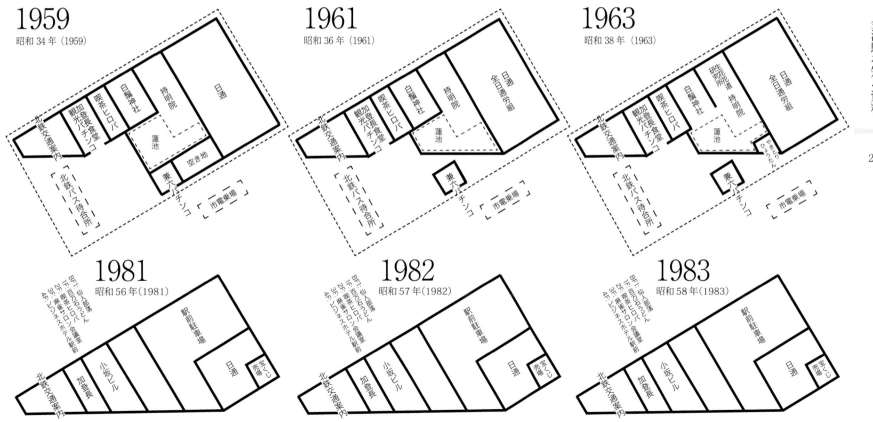

金沢駅を知る資料

231

金沢駅前(左)の変遷

この左側は令和の現代では平成29年に金沢ビル(都ホテル)が解体。フェンスが張られ更地となっている。江戸期は前田図書の屋敷であったが、明治31年の金沢駅創設時に安井旅館や西田商事、日本通運が立ち並んでいたが戦後の建物疎開の後に一部撤去し駅前を拡張。昭和30年代後半に金沢ビル建設とほぼ同時に駅前の拡張工事が行われた。昭和57年に金沢ビルは拡張した。

令和の金沢駅前の左側(Google Earth) ▶
平成29年に金沢ビル(都ホテル)は解体され、フェンスを張られ更地となっている。

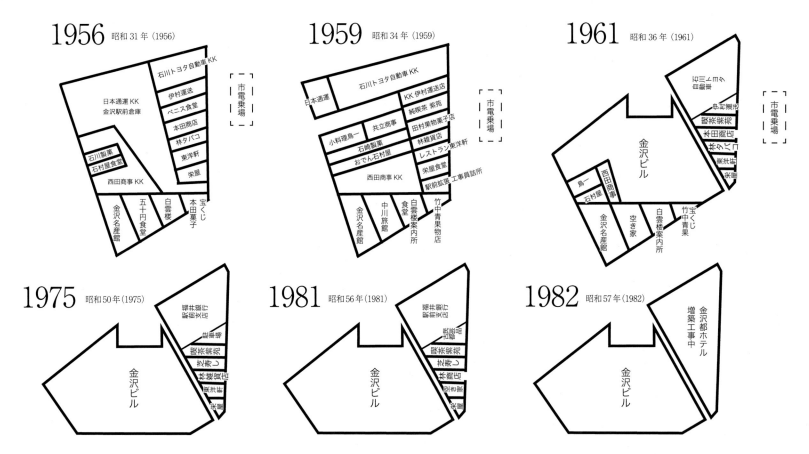

昭和35年（1960）
金沢ビルが建設される前の風景である。駅前左側に見える家屋は昭和30年代から金沢名産館を始め多くの店が軒を連ねていた。金沢ビルの建設に合わせ家屋は撤去。駅前の鳴和三日市線の道路として利用される。出典：『昭和モダンの金沢・加賀・能登』

昭和21年（1946）〜昭和38年（1963）頃まで石川トヨタは金沢駅前で営業していた。昭和57年（1982）に金沢ビル（都ホテル）が増築工事を行いこの場所は金沢ビルの一部として利用される。現在は更地となっている。
出典：石川トヨタのWEBサイトより

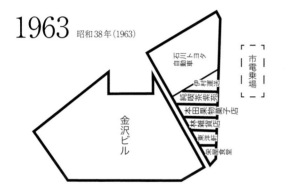

1963 昭和38年（1963）

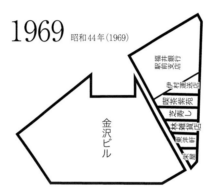

1969 昭和44年（1969）

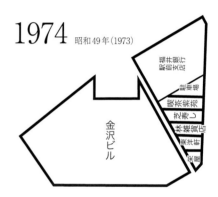

1974 昭和49年（1973）

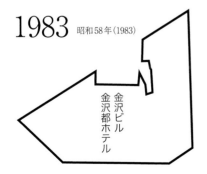

1983 昭和58年（1983）

昭和50年（1975）
この写真の金沢ビル右側には何も映されていないが、地上には家屋が建ち並んでいる。昭和57年に金沢ビルが増築の際に立退きとなった栄屋食堂は都ホテルのビルのテナントとして入居。北陸新幹線開業まで営業を続けた。

駅周辺 区画トレース線

駅前の変遷をトレース線で位置関係を理解する

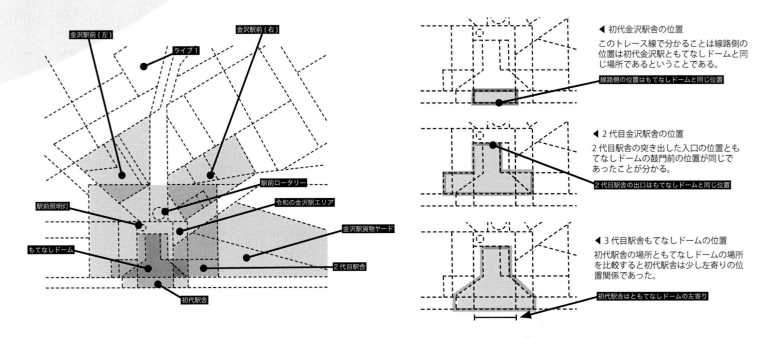

　金沢駅前の区画を理解するためにこの駅周辺区画トレース線が非常に有益である。この区画トレース線は昭和20年代から主要道路と主要の建物を線でトレースしたものである。同時にトレース線の区画に主要の建物の箇所にはグレーで色付け。重複部分は色が濃くなるように色付け。右頁の時代別の空中写真はこの同じスケールに合わせ、トレース線を各時代別に重ねたものである。

どの場所がどのように利用されていたかがこのトレース線を重ねることで明確にわかるようになるのである。特に明治に建てられた初代金沢駅舎、コンクリート造りの二代目駅舎、そしてもてなしドームの位置だけをピックアップしたものが右上のトレース線である。それぞれの金沢駅の位置関係がこのトレース図から把握することができるのである。初代金沢駅舎は線路側の位置はもてなしドームと同じ位置であったことが分かる。

これは初代駅舎は北陸線に面して建っていたが、もてなしドームは高架化した新幹線の駅に面している大きな違いはあるが、結果として駅の位置は同じなのである。また、初代駅舎の位置はもてなしドームの少し左寄りに位置していたことがこのトレース図で見ることができる。

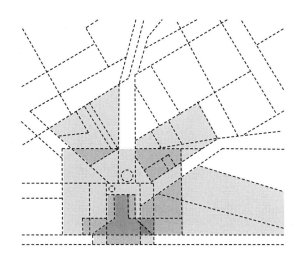

金沢駅前の区画トレース線
初代〜現代の駅舎や駅前の左右の建物などの主要施設については
グレーの色付けを行ってある。施設が重なった場所は濃く表示

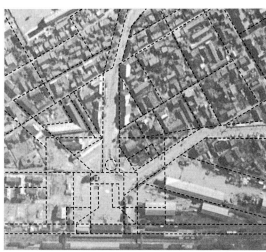

国土地理院 昭和21年（1946）の空中写真
照明灯の撤去跡または柳の木が見られる。駅前の正覚寺が映り込んでいる。
建物疎開で撤去されたと思われる場所が更地になっている様子が分かる

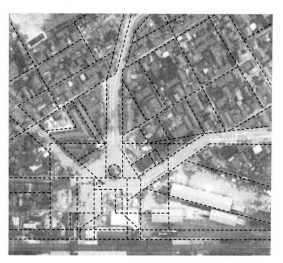

国土地理院 昭和27年（1952）の空中写真
駅前ロータリーが完成し駅前のバスターミナルの建屋が見られる。
初代金沢駅舎解体前で駅前には工事現場が控えている

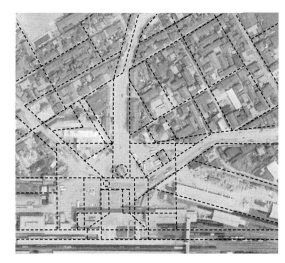

国土地理院 昭和37年（昭和37）の空中写真
駅前に金沢ビルが完成しているが、金沢ビルの前にはまだ家屋が見られる。
駅前の通りは拡張されたが兼六パチンコが取り残されている

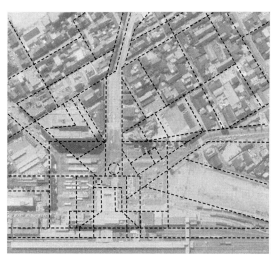

国土地理院 昭和48年（1973）の空中写真
バスターミナルが金沢駅前左側、金沢ビル前に移転したことが見られる。
この時期には貨物ヤードが移転し更地となっている

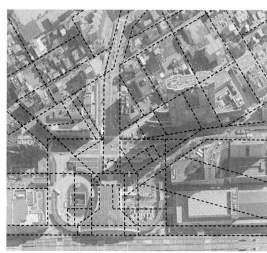

国土地理院 平成19年（2007）の空中写真
もてなしドーム・ポルテ金沢・ヴィサージュ・音楽堂などが完成
ポルテ金沢前の大通りが少し拡張していることが確認できる

金沢駅前の境界線

① 大正13年の空中写真
出典:『大正13年度北陸地方陸軍特別大演習 記念写真帖』

② 昭和20年代前半〜昭和30年代後半
出典:国土地理院撮影の空中写真（昭和27年 1952年撮影）

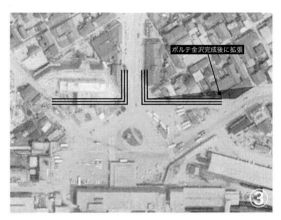

③ 昭和30年代後半〜
出典:国土地理院撮影の空中写真（昭和37年 1962年撮影）

　金沢駅前を知る際に最も大切なのは駅前の境界線を理解することである。駅前の境界線は明治31年（1898）に金沢駅が創立した際に始まる。この時に駅前の広場の境界線が作られる。境界線は上記の図①で確認ができる。この空中写真は大正13年（1924）を元にしているが明治期と変わらない境界線である。この駅前の境界線が変化するのは終戦間際に行われた建物疎開である。建物疎開は空襲による重要施設の火災などを防ぐ目的で予め建物の取り壊しを行い防火地帯を作るというものだった。終戦間際の昭和20年（1945年）7月。県防空本部は建物疎開を通知。これにより対象地域の住民は10日以内の強制退去を余儀なくされた非常に厳しい措置であった。※1 図①では建物疎開で撤去されたと思われる場所を白く色付けした。

　図②の昭和20年（1945）の空中写真は建物疎開で拡張した駅前広場、その中心ほどに駅前ロータリーが設置される。建物疎開で計画的な拡張工事ではなかったために境界線は非常に複雑な形状をしており未完成の駅前を感じさせる。その後、駅前にはバスターミナル建屋が設置され、昭和29年（1954）に金沢駅舎がコンクリート造りの駅舎として建て替えが行われる。駅の利用者も増え駅前が徐々に狭くなってきた昭和37年（1962）に金沢ビル・都ホテルが建設される。この建設前後に駅前は大きく再開発が行われ駅前の境界線が変化する。この工事では駅前左右の工事も行われ駅前は左右にも拡張した。図②の境界線は昭和37年（1962）前後に行われる拡張工事までこの境界線であった。昭和30年代後半から徐々に駅前の拡張工事が行われ駅前の境界線は金沢駅に対して平行な風景として変化していく。図③は昭和30年代後半の図であるが駅に対して徐々に境界線が平行になっていることが確認できる。

　平成に入ってからであるが新幹線を見据えた駅前再開発の際に、建物が一部駅前の大通り(鳴和三日市線)多少突き出ていたために平成6年（1994）頃ポルテ金沢の完成とともに、駅前の大通りを駅に対して平行にする拡張工事が行われた。そして現在の駅前の境界線として完成を迎えた。

1　金沢商店街史編纂委員会（1974）『金沢商店街のあゆみ』

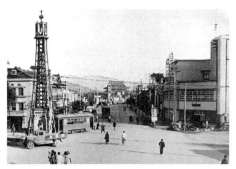

昭和8年頃（1933）
左頁①の駅前境界線の駅前の風景（昭和8年）
明治31年の創立時から同じ駅の広さ

昭和33年（1958）
左頁②の駅前境界線の駅前の風景（昭和33年）
終戦間際の建物疎開の撤去で広くなったの駅前

昭和39年頃（1964）
左頁③の駅前境界線の駅前の風景（昭和39年）
金沢ビル建設時の拡張工事が行われた後の駅前

白線は明治期からの初期の金沢駅の広さを表している。
点線は令和の現在の駅の広さである

令和の現在と明治期の駅の広さを比較すると
明治期の駅が非常に小さかったことが分かる

金沢駅前の広さの変遷

金沢駅前の広さは明治31年（1898）金沢駅創立時と比べ令和の現代は相当広くなっている。どのように駅前は拡張されたのかその変遷を駅周辺のトレース図を使い可視化した。駅前の拡張は戦後昭和21年（1946）に駅前の建物疎開の場所の一部を駅前の広場として利用することで拡張。続いて拡張が確認されているのは昭和31年（1956）頃の拡張であり、このときは現在フォーラスなどがある金沢駅の左側が拡張した。この拡張で北陸鉄道金沢駅は10m近く後方へ移転した。続いて昭和36年（1961）頃から始まる駅前拡張は金沢ビル・都ホテルの建設と金沢駅前のバスターミナルの建設を伴い駅前が拡張した。昭和40年代に入り北陸新幹線の整備を見据えた工事が始まる。持明院・白鬚神社の移転、そして昭和60年（1985）には貨物基地が移転。平成17年（2005）の金沢駅東広場整備事業で鼓門・もてなしドームが整備され、駅前のバスターミナル・タクシー乗り場が整備され現在の金沢駅の広さとなる。ポルテ金沢（PORTE）前の一部は工事の詰め所として使われ、鳴和三日市線を直線化するために道路として現在も利用されている。

明治40年／出典：金沢市立玉川図書館蔵

昭和初期／出典：『愛蔵版ふるさと写真館』北國新聞社

昭和29年頃／出典：金沢くらしの博物館蔵

昭和41年／出典：『金沢市勢要覧』

昭和50年頃（1975）

令和6年（2024）

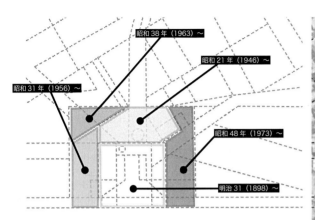

金沢駅前の区画トレース線
初代〜現代の駅舎や駅前の左右の建物などの主要施設については
グレーの色付けを行ってある。施設が重なった場所は濃く表示

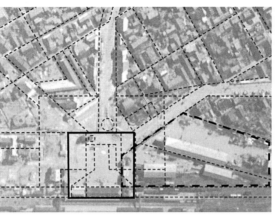

明治31年（1898）〜の駅前の広さ
出典：国土地理院の昭和21年（1946）の空中写真
駅前の建物疎開の場所が昭和21年ごろから整備される

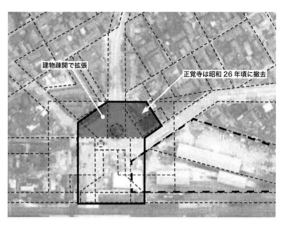

昭和21年（1946）〜の駅前の広さ
出典：国土地理院の昭和27年（1952）の空中写真
建物疎開の場所が拡張。正覚寺は昭和26年頃に撤去され駅前が拡張する

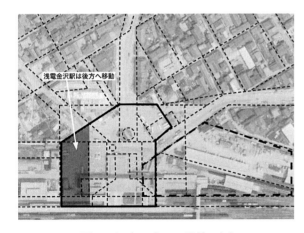

昭和31年（1956）〜の駅前の広さ
出典：国土地理院の昭和37年（昭和37）の空中写真
金沢駅左側が後方へ拡張。浅電金沢駅は後方へ移転。
昭和38年（1963）に駅左側に新バスターミナルが完成する

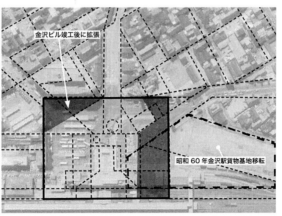

昭和38年（1963）〜の駅前の広さ
出典：国土地理院の昭和48年（1973）の空中写真
昭和38年頃から金沢ビル前の拡張工事が行われる。持明院・白鬚神社が移転し昭和60年（1985）に貨物基地の移転とともに駅前が拡張する

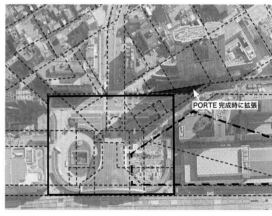

平成17年（2005）〜の駅前の広さ
出典：国土地理院の平成19年（2007）の空中写真
金沢駅東口広場整備事業にて鼓門・もてなしドームが完成し現在の駅前の広さとなる。PORTE完成時に道路直線化のため工事が行われた

金沢駅を知る資料

北陸鉄道金沢駅の場所の変遷

昭和31年以降

昭和21年以降

戦前

昭和27年頃（1952）/ 出典：内灘町歴史民俗資料館・風と砂の館蔵

昭和初期 / 出典：内灘町歴史民俗資料館・風と砂の館蔵

昭和34年（1959）/ 出典：石川線１００周年・浅野川線９０周年記念 WEB サイトより

Google Earth Data SIO, NOAA, U.S. Navy, NGA, GEBCOData LDEO-Columbia, NSF, NOAALandsat / CopernicusAirbusData Japan Hydrographic Association

昭和31年（1956）の金沢駅前 / 出典：北陸鉄道株式会社蔵

金沢駅を知る資料

北陸鉄道金沢駅の場所は時代によって異なっていた。昭和初期、昭和20年代、昭和30年代、そして現在の地下への移転である。①の写真は昭和初期の浅電金沢駅の駅舎である。この建物は安江八幡に向かう大通り（鳴和三日市線）の横、駅から見て市電の線路の奥に位置した。定かではないが終戦間際の建物疎開で初期の浅電駅舎は壊されたようである。終戦後に少し左に場所をずらし写真②の建物で営業を再開したと思われる。駅舎横の線路は「連絡線」というもので市電と浅電と共有で利用しており時間調整や留置線として利用していたようである。昭和31年（1956）に浅電金沢駅は数10メートル後方へ移転（③の写真）。この場所が現在の浅電金沢駅の場所となる。

金沢駅を知る資料

昭和 31 年（1956）の金沢駅前
出典：北陸鉄道株式会社蔵

昭和 27 年頃（1952）

昭和 27 年頃（1952）の浅電金沢駅の写真である。
この頃の浅電金沢駅の横には連絡線の線路が敷かれており
市電との共同利用がされていたようである
出典：内灘町歴史民俗資料館 風と砂の館蔵

金沢駅の古写真一覧

明治の金沢駅周辺写真一覧

明治40年頃（1907）/ 出典：金沢市立玉川図書館蔵

明治40年頃（1907）/ 出典：金沢市立玉川図書館蔵

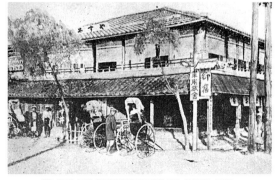
明治40年頃（1907）頃金沢駅前旅館 安井屋旅館 / 出典：『石川百年一写真集』

明治31年（1898）の金沢駅舎 / 出典：『北陸鉄道建設概要』石川県立図書館蔵

明治38年頃（1905）の金沢駅舎 / 所蔵：大友 佐俊

金沢駅の古写真一覧

大正の金沢駅周辺写真一覧

大正8年（1919）頃の金沢駅前／出典：金沢市立玉川図書館蔵

大正前期の金沢駅プラットフォーム／出典：金沢市立玉川図書館蔵

大正8年（1919）頃の金沢駅／出典：『金沢電車案内』金沢電気軌道編刊

大正13年頃（1924）の金沢駅前／出典：石川県立歴史博物館蔵

大正 13 年（1924）金澤停車場の摂政宮殿下／出典：『摂政宮殿下北陸行啓 記念写真帳』

大正 13 年（1924）陸軍特別大演習 大正 13 年／出典：『石川百年―写真集』

大正 13 年（1924）／出典：『大正 13 年度 北陸地方陸軍特別大演習記念写真帖』

特別大演習金沢駅前奉迎門 大正 13 年（1924）／出典：石川県立歴史博物館蔵

大正 13 年（1924）／出典：『大正 13 年度 北陸地方陸軍特別大演習記念写真帖』

金沢駅の古写真一覧

昭和初期の金沢駅周辺写真一覧

昭和5年頃（1930）の金沢駅前の風景／出典：『金沢市写真帖 昭和5年』

昭和7年頃（1932）の金沢駅／出典：『金沢市写真帖 昭和8年』

昭和5年（1930）出典：『金澤市要覧』金沢市役所

昭和10年頃（1935）の金沢駅前の風景／出典：『ふるさと金沢』

昭和10年頃（1935）の金沢駅前の風景／出典：小西裕太所蔵

昭和8年頃（1933）の金沢駅前の風景／出典：『写真と地図でみる金沢のいまむかし』

昭和5年頃（1930）の金沢駅前の風景／出典：『写真と地図でみる金沢のいまむかし』

昭和5年頃（1930）の金沢駅舎の／写真 出典：『金沢駅 開業八十八周年記念』

昭和8年頃（1933）の中川旅館／出典：中川旅館の絵葉書 小西裕太所有

金沢駅の古写真一覧

金沢駅の古写真一覧

昭和初期（戦前）の浅野川鉄道金沢駅／出典：内灘町歴史民俗資料館 風と砂の館蔵

昭和初期（戦前）の金沢駅前の風景／出典：内灘町歴史民俗資料館 風と砂の館蔵

昭和初期（戦前）の浅野川鉄道金沢駅前／出典：内灘町歴史民俗資料館 風と砂の館蔵

昭和初期（戦前）の金沢駅前の風景／出典：内灘町歴史民俗資料館 風と砂の館蔵

金沢駅の古写真一覧

昭和初期（戦前）の浅野川鉄道金沢駅／出典：内灘町歴史民俗資料館 風と砂の館蔵

昭和初期（戦前）の金沢駅前の風景／出典：内灘町歴史民俗資料館 風と砂の館蔵

昭和7年（1932）／出典：『愛蔵版ふるさと写真館』北國新聞社編

昭和12年（1937）／出典：石川県立図書館蔵

昭和17年（1942）／出典：『愛蔵版ふるさと写真館』北國新聞社編

昭和初期の金沢駅（中川旅館が2階建て）／出典：『写真図説 金沢の500年』

昭和20年代の金沢駅周辺写真一覧

昭和23年頃（1948）／出典：『市勢要覧 昭和24年版』

昭和25年（1950）／出典：『愛蔵版ふるさと写真館』北國新聞社編

昭和25年（1950）／出典：全日本宗教平和博覧会『全日本宗教平和博覧会誌』

昭和25年推定（1950）／出典：金沢市立玉川図書館蔵

昭和27年頃（1952）／出典：『シリーズ 都会の記録 68 1952～1957』

昭和28年（1953）／出典：『北陸鉄道の歩み』北陸鉄道

昭和29年（1954）／出典：『石川の戦後50年』北國新聞社

昭和29年頃（1954）/ 出典：金沢くらしの博物館蔵

昭和29年頃（1954）二代目金沢駅舎 / 出典：金沢くらしの博物館蔵

昭和27年頃（1952）の金沢駅周辺 / 出典：金沢くらしの博物館蔵

昭和28年頃（1953）の金沢駅周辺の空中写真 / 出典：『金沢市勢要覧 昭和28年』

金沢駅の古写真一覧

昭和30年代の金沢駅周辺写真一覧

昭和29年頃（1954）大時計設置前の二代目金沢駅舎 / 出典：『金沢市勢要覧 昭和30年』

昭和29年頃（1954）大時計設置前の二代目金沢駅舎 / 出典：『石川県商工要覧 昭和31年版』

昭和30年頃（1955）大時計設置後の二代目金沢駅 / 出典：金沢くらしの博物館蔵

昭和30年頃（1955）の金沢駅前の風景 / 撮影：薗部澄

昭和31年（1956）の金沢駅前 出典：北陸鉄道株式会社蔵

昭和32年頃（1957）の金沢駅前の風景 / 出典：北陸鉄道編『北陸鉄道の歩み』

昭和33年（1958）/ 出典：『写真集 昭和花あり嵐あり - 石川の昭和30年代』北國新聞社

昭和35年頃（1960）金沢駅周辺の空中写真 / 出典：金沢くらしの博物館蔵

昭和37年頃（1962）の金沢駅前の風景 / 出典：金沢くらしの博物館蔵

金沢駅の古写真一覧

金沢駅の古写真一覧

昭和35年頃（1960）の切り取られたばかりの持明院の蓮池／出典：金沢くらしの博物館蔵

昭和39年頃（1964）の金沢駅前／出典：北陸鉄道株式会社

昭和38年（1963）頃／出典：北陸鉄道株式会社

昭和41年（1966）のバスターミナル／出典：『金沢市勢要覧』昭和41年

昭和37年（1962）／出典：国土地理院撮影の空中写真

昭和44年（1969）の金沢駅周辺の空中写真 / 出典：『金沢市勢要覧』昭和44年

昭和48年（1973）の金沢駅周辺の空中写真 / 出典：『金沢市勢要覧』昭和48年

古写真に関する取扱いについて

　本書を出版に当たり数多くの古写真を利用しています。できる限りすべての写真について著作権・所有権の把握ならびに掲載許諾に努め、掲載しています。一部書籍の表現上掲載できないものは複数掲載するなどの手法で片方には必ず表記しています。

　令和の現行の著作権法に従い昭和32年（1957）12月31日以前に発表・出版されたものについては著作権が切れていると解釈しています。文化庁も同様に昭和32年前の古写真は著作権が切れているとの解釈のため本書でもその基準に従っています。

　本書では著作権切れ問わず可能な限り出典・所有を調査し明記しています。Google Earthの画像の取り扱いについては必ずGoogle Earth利用規約に従って掲載しています。

　撮影日時、撮影者、出版社など確認した上で掲載することに努めていますが、閉業した出版会社などもあり所有者を追えなくなっているケースがございます。そのケースは文化庁の「著作権者不明等の場合の裁定制度等」を利用している場合があります。文化庁にお問い合わせいただけると幸いです。それでも対応が及ばない場合もございます。その場合はお手数ですがWebサイトなどを介して著者・編集部にご連絡いただければ対応いたします。

　本書出版は令和6年3月16日の北陸新幹線 金沢-敦賀延伸開業に合わせて出版を計画していましたが、元日に起こった令和六年能登半島地震で出版を延期することとなりました。能登では多くの犠牲者、多くの避難者が出る中、金沢にも観光客の姿がなくなりました。能登が大変なときこそ金沢が支えなければならない。多くの人の石川県・金沢への思いが一つとなり、本書が少しでも能登半島地震の支援の一部となること願っています。

　多くの方々のご協力のもとで出版することができましたことを心から感謝しています。

参考資料

宝円寺文書 年代不明『武家屋敷図(前田図書家カ)武家屋敷の屋根図』石川県立図書館

川崎源太郎編（1887）『福井県下商工便覧』福井県立博物館蔵

鉄道庁 松井捷悟（1892）『大日本鉄道線路全図』

金沢鉄道作業局出張所編(1899.3)『北陸鉄道建設概要』石川県立図書館蔵

金沢市役所（1912）『金沢市要覧 明治45年』小西裕太 所蔵

金沢電気軌道株式会社編（1919）『金沢市電車開通 記念写真帖』石川県立図書館蔵

金沢電気軌道編刊（1919）『金沢電車案内』

金沢市役所（1924）『金沢市要覧 大正13年』小西裕太 所蔵

東京交通社（1924）『大日本職業別明細圖 大正13年』古今金澤

『大正13年度北陸地方陸軍特別大演習記念写真帖』(1924) 小西裕太 所蔵

『摂政宮殿下北陸行啓 記念写真帳』(1924) 小西裕太 所蔵

金沢市編（1924）『金沢市写真帖 大正13年』金沢市立玉川図書館蔵

金沢市役所（1928）『金沢市要覧 昭和3年』小西裕太 所蔵

金沢市役所（1930）『金沢市要覧 昭和5年』小西裕太 所蔵

金沢市編（1930）『金沢市写真帖 昭和5年』石川県立図書館蔵

厚見 幸雄著（1932）『金沢市内神社写真帖』金沢市神職会

金沢市編（1933）『金沢市写真帖 昭和8年』小西裕太 所蔵

森田平次著（1933）『金澤古蹟志』金澤文化協會 金沢市立玉川図書館蔵

産業と観光の大博覧会協賛会編（1933）『産業と観光の大博覧会協賛会』

北国日報社編（1935）『大金沢繁昌記』北国日報社事業部

金沢市役所（1937）『金沢市要覧 昭和12年』小西裕太 所蔵

全日本宗教平和博覧会編(1950.8)『全日本宗教平和博覧会誌』石川県立図書館蔵

金沢鉄道管理局編（1952）『北陸線の記録』石川県立図書館蔵

岩波書店編集部編（1953）『シリーズ 都会の記録68 1952～1957』岩波書店

金沢駅編（1954）『金沢駅 駅勢要覧 昭和28年度版』金沢市立玉川図書館蔵

日本地図編集社（1956）『金沢市住宅明細地図 昭和31年』石川県立図書館蔵

金沢駅編（1956）『金沢駅 駅勢要覧 1956』金沢市立玉川図書館蔵

日本国有鉄道広報（1961）『国鉄365』日本国有鉄道広報 小西裕太 所蔵

加能作次郎著（1963）『石川県産業功労碑集』

北國新聞社編（1963）『北国年間 1963』北國新聞社

金沢市史編（1965）『市史年表 金沢の百年 明治編』

北陸刊広社（1965）『金沢市住宅明細図 昭和40年』

金沢市史編（1967）『市史年表 金沢の百年 大正・昭和編』

北國新聞社編（1968）『新聞で見る七十五年史』

金沢市史編（1989）『市史年表 金沢の百年 昭和続編』

金沢ステーションデパート社史編纂委員会編（1968）『金沢ステーションデパート15年史』

北國新聞社編（1963）『北国年鑑 昭和38年版』

日本国有鉄道松任工場(1971)『松任工場60年のあゆみ（創立60周年記念出版）』

石林文吉著（1972），『石川百年史』石川県公民館連合会

北陸新幹線能登駅設置期成同盟会(1973)『北陸新幹線能登駅設置期成同盟会設立総会』

金沢商店街史編纂委員会（1974）『金沢商店街のあゆみ』

北陸鉄道編（1974）『北陸鉄道の歩み』

石川県（1975）『昭和49年度金沢駅周辺整備構想 調査報告書 昭和50年3月』

能登印刷出版部(1976)『石川県航空写真集:美しい自然と県民の活動』

写真集金沢編集委員会編（1978）『ふるさとの想い出 写真集明治大正昭和‐金沢』国書刊行会

北國新聞社（1978）『新聞で見る75年史』明治編・大正編・昭和前編・昭和後編

金沢市（1979）『金沢駅周辺整備構想(素案) 昭和53年2月』

能登印刷出版部編（1979）『石川写真百年・追想の図譜』

国書刊行会(1982)『写真図説 金沢の500年』

中川三津夫著（1985）『金沢・虚像と実像』北国出版社

『金沢鉄道郵便局のあゆみ』(1986) 金沢鉄道郵便局/金沢

地図資料編纂会（1987）『昭和前期日本商工地図集成』

金沢駅 西嶋孝, 奥村富雄著（1986.4）『金沢駅 開業八十八周年記念』
地図資料編纂会（1987）『昭和前期日本商工地図集成―第 1 期・第 2 期改題―』
北陸中日新聞編（1989）『石川百年―写真集』
読売新聞金沢総局（1990）『金沢百年町名を辿る』
国書刊行会 (1991.02.25)『写真と地図でみる金沢のいまむかし』
能登印刷出版部（1992）『激動の地方史―維新・デモクラシー・大戦 ドキュメント石川』
金沢運転所編（1994）『30 年のあゆみ』
北國新聞社編（1995）『石川の戦後 50 年』
電気車研究会 (1996.9)『鉄道ピクトリアル NO.626』
鈴木雅子（1996）『晩年の森田柿園その二』石川郷土史学会々誌 第 29 号
中井安治著（1997）『鉄路有情 金沢駅開業百周年記念誌』
内灘町編 (1998.3)『粟崎遊園物語』
長田のあゆみ編集委員会編（1998）『長田のあゆみ』
土屋敦夫著（1998）『明治期の金沢の街路計画 - 駅前放射状道路と師団連絡道路 -』1998 年度第 3 回日本都市計面学会学術研究論文集
金沢市議会編（1998）『金沢市議会史上巻』
能登印刷出版部編（2002）『20 世紀の照像 石川写真百年・追想の図譜 改編版』
武邑 光裕著（2003）『記憶のゆくたて―デジタル・アーカイヴの文化経済』
鈴木雅子著（2004）『金沢のふしぎな話『咄随筆』の世界』
金沢市編（2005.3）『金沢駅北土地区画整理事業 金沢駅東広場』
増山晃太（2005）『鉄道高架化に伴う駅周辺諸整備の関係性の類型化に関する研究』
金沢市 (2005)『金沢市史 通史編 2(近世)』
金沢市 (2006)『金沢市史 通史編 3(近代)』
アーカイブス出版編集部編（2007.5）『写真集 昭和の金沢』
北國新聞社編（2007.12）『写真集 昭和花あり嵐あり―石川の昭和 30 年代』
北國新聞社編（2007.12）『北陸線写真帖―機関車 駅舎 鉄道マン』
河野敬一（2007）『近代期における市街地図の刊行と利用 - 東京交通社による「職業別明細図」刊行
明細図」刊行の分析』常磐大学人間科学部（2007）『人間科学』
北國新聞社編（2008）『愛蔵版ふるさと写真館（北國新聞創刊 115 年記念）』
電気車研究会（2009.8）『鉄道ピクトリアル NO.821』
鈴木雅子著（2009）『金沢のふしぎな話『咄随筆』の世界 2』
金沢市企業局編（2010）『金沢市の発電事業金沢市企業局』金沢市企業局
茶屋勝也著（2010.7.29）『金沢の昭和』いき出版
能登印刷出版部『ヴィサージュ 管理組合創立 20 周年記念誌』(2012.6.29)
高室信一著（2013）『金沢・町物語』復刻新版 能登印刷出版部
能登印刷出版部編（2014）『昭和モダンの金沢・加賀・能登』
鈴木雅子著（2014）『金沢の昔話と暮し、ならわし『冬夜物語』の世界』巷の人
谷口昭夫著（2014）『北陸線を走った列車たち』能登印刷出版部
老川慶喜（2014）『日本鉄道史 幕末・明治篇』中央公論新社
金倉顕博著（2015）『近代日本における塗料工業の発祥』日本化学会
電気車研究会（2015.4）『鉄道ピクトリアル NO.902』
老川慶喜（2016）『日本鉄道史 大正・昭和戦前篇』中央公論新社
片野正巳著（2017）『細密イラストで綴る 日本蒸気機関車史』ネコ・パブリッシング
小野芳朗, 本康宏史, 三宅拓也著（2018）『大名庭園の近代』思文閣
老川慶喜著（2019）『日本鉄道史 昭和戦後・平成篇』中央公論新社
泉竜太郎著（2019.6）『金沢市の 130 年』いき出版
小林忠雄監, 本康宏史監（2015）『ふるさと金沢』郷土出版社
金沢市『金沢市勢要覧』1963 年～ 2023 年
旺文社（2023）『レールウェイマップル全国鉄道地図帳』
北國新聞社編（2023.12）『近代を拓いた 金沢の１００偉人』

さいごに

「金沢駅」という名前を見た時、皆さんはどのようなことを思い浮かべるだろうか。海鮮丼。観光の金沢。北陸新幹線。金沢の顔。鼓門。通勤や通学。新婚旅行の出発駅。都ホテルの地下の風景。駅ビルでのデート。喫茶ヒロバ。栄屋食堂。国鉄体操。金沢駅で働いていたことがある。様々なことを思うだろう。

私はこの「金沢駅」という3文字が単なる3文字ではなく、長年とても特別な3文字に感じていた。気がつけば、金沢駅についての書籍を出版しようと本を書き始めていた。

私にどうしてこの金沢駅という3文字がとても特別なのか自分でも思い返してみた。

私は金沢駅の西口にあった国鉄宿舎、JR宿舎(通称JRアパート)で長年生活していた。私の父は国鉄時代に就職し、国鉄民営化とともにJR西日本の社員となった。

父、母、私、そして妹。残念ながら、母は私が11歳の時に病気で亡くなったが、私たち家族は長年このJRアパートで生活していた。今となれば金沢駅の西口方面に国鉄宿舎、JR宿舎があったことが嘘のような風景になっている。現在は全く面影がなく、日銀金沢支店やフィットネスジム、先進的なオフィスビルが立ち並ぶ場所として利用されている。宿舎は1号棟から7号棟まであり、さらに小さな小屋のような古い宿舎もいくつか立ち並んでいた。

今ではもう知る人が少なくなってきたが宿舎の敷地内にはJR体育館や国鉄時代の香り漂う名前の「物資部」という名のスーパーが宿舎の敷地内に存在していた。この「物資部」の場所は勤労者プラザの前。私が幼い頃にこの物資部で水に浸かったお豆腐をすくい上げて購入した風景が未だに焼き付いている。昭和60年前半の頃だろう。

高校生のときも毎日金沢駅から高校に通い、何かあれば金沢駅を起点にものごとを考えていた。そして、初めての海外だったオーストラリア留学のスタート地点として自分で認識していたのもこの金沢駅だった。

私の人生の中で金沢駅が多く登場するのは間違いない。

私は金沢駅が毎日見える宿舎で生まれ育ち、金沢駅の発展と自分が重なることは「金沢駅」を特別なものにし「金沢駅」の3文字がただならぬ意味を私に与えているのだと思う。気がついたときには「金沢駅オタク」になっていた。

いつの間にか、あらゆる金沢の古写真を収集しはじめ、不思議なことに「金沢駅」だけを念入りにチェックしていた。古地図でも金沢駅周辺だけを穴が開くほど眺めている。今では金沢駅周辺の古写真を見るだけで何年の風景か、江戸期の古地図との関連すら言い当てられるようになった。

金沢駅にどの時代に何があったのか。金沢駅はどの様な姿をしていたのか。金沢駅はどの様に変化していったのか。金沢駅の歴史を知ることは、あたかも自分自身の人生を振り返るような気持ちで金沢駅のことを知りたいという欲望を駆り立て、私の知の原動力になっていたのだろう。

おそらく日本でも珍しい「金沢駅オタク」が金沢駅のことを伝えたい。金沢駅のことをまとめたい。自分自身の人生をまとめるかのような熱い思いを持って、ただ熱い思いでだけでこの度このように本を出版する運びとなった。

未来の金沢に私と同じ志を持った「金沢オタク」が現れ、この本を手にしてくれることを夢見ている。時空を超え「金沢駅」でつながる事ができることを誇りに思う。

出版に当たっては数多くの人の力を借り大変お世話になった。北國新聞社の出版部の皆様。父ともどもがお世話になった井上さん。出版までたどり着けるように多くの人を紹介してくださった宇田 直人さん、小谷 由美子さん。

そして、なによりこの様に本を書ける一人の人としてこの世の中に私を送り出してくれた国鉄・JRと長年勤め上げた父、私が11歳のときに残念ながらこの世を去ってしまった母、毎日一緒に笑い遊んだ妹。母が亡くなったとき悲しみをに涙枯れるまで宿舎で一緒に泣いた祖父祖母。今では別々に生活しているけれども金沢駅を見ながら毎日生活した毎日は私の人生で最も大切な思い出です。この本を通して感謝の気持ちを伝えたい。

著者 小西 裕太(こにし ゆうた)

昭和57年（1982）生まれ。北陸先端科学技術大学院大学卒業（JAIST）。父が国鉄職員、JR西日本社員だったことが本書出版の動機となる。金沢駅の歴史を筆頭に兼六園の歴史研究など金沢の郷土史に深く関わる。デジタル制作、観光業、婚礼サービス業など幅広い分野で活躍。

『金沢駅のゆくたて』

令和7年（2025）3月14日発行
著者 小西裕太
制作・発売 北國新聞社
〒920-8588 石川県金沢市南町2番1号
電話 076-260-3587（出版部直通）
ISBN978-4-8330-2333-7
© Konishi Yuta 2025, Printed in Japan
定価：4,400円(本体4,000円+税10%)